KB172175

기록학, 역사학의 또 다른 영역

금요일엔
역사책
9

기록학,
역사학의 또 다른 영역

•

오항녕 지음

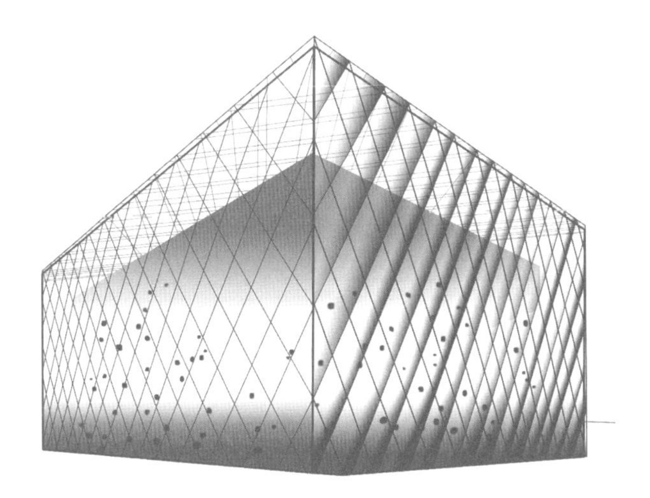

한국역사연구회
역사선

푸른역사

들어가며

도대체 어찌 뭘 적을지 뭘 뺄지 몰라
붓만 빨고 있을 수 있는가!

우리에겐 익숙한 '실록'이 막 역사에 등장하여 편찬되기 시작하던 당나라 초기, 《측천무후실록則天武后實錄》을 편찬하러 들어갔던 유지기는 이렇게 말했다.* 관료제의 발달은 문서의 양산을 가져왔다. 임기와 업무 분장을 토대로 작동하는 관료제는 세습-귀족제와 달리 사람이 아니라 문서로 움직이는 시스템이기 때문이다. 그래서 많아지기 시작한 문서를 그때그때 정리해두지 않으

* 유지기, 오항녕 옮김, 《사통史通》, 역사비평사, 2012, 991쪽.

면 나중에 수습하기 어려워졌다. 실록 편찬은 그렇게 역사에 등장했다.

그러나 훈련받지 못한 기록=편찬자인 사관史官은 일에 익숙하기 어려웠다. 자신이 쓴 글도 줄이고 고치기 어려운 게 사람인데, 남이 만들어놓은 문서 더미 속에서 어떻게 역사에 남길 기록을 쉽게 추릴 수 있겠는가. 훈련된 전문가였던 유지기는 답답했을지 몰라도 기록을 남기고 정리하는 일은 지금 우리에게도 쉽지 않은 일이다. 그래서 유지기의 말에는 어떤 기록을 남길 것인지, 누가 어떤 태도로 그 일에 임해야 하는지 현대 기록학에도 여전히 핵심적인 질문이 담겨 있다.

역사를 연구하든 가르치든, 그 행위는 무언가 흔적이 남아 있어야 가능하다. 그 흔적을 우리는 사실, 사건이라고 부르고, 그 사실과 사건은 '기록'이라고 부르는 '정보를 담은 매체'에 실려 후대에 전해진다. 역사–인간은 기록을 만들어내고, 전달하고, 그것으로 이야기한다. 역사학의 대상은 그 전체이다. 이런 일을 하는 사람을 역사가, 역사학자, 역사학도, 히스토리언historian이라고 부른다.

한편 기록학은 역사–인간의 활동 중 기록을 만들어내고 전달하는 영역을 맡는다. 기록학계에서는 이 정체성을 기록인, 기록관리 전문가라고 부르고, 법적으로는 '기록관리 전문요원'이라고도 부른다. 이게 좀 어색한 사람은 그냥 아키비스트archivist라고 부른다. 기록학은 'Archival Science' 또는 'Archival Studies'의 번역어이다. '기록관리학', '기록보존학'이라고도 부른다. 따라서 지금 말하는 기록은 '아카이브archive'이다. 우리가 쓰는 '기록'이라는 용어에 상응하는 영어로는 'record', 'document'가 있는데, 기록학의 '기록'은 이들 단어의 의미도 있지만 아카이브archive의 의미를 띤다. 본문에서 더 논의하겠지만, "archive는 그 자체가 관련된 행정 또는 공적公的/사적私的 일 처리 과정에서 작성되었거나 사용되고, 그 일 처리의 담당자나 법적 계승자들이 자기들이 필요한 정보 때문에 자신들의 관리 아래 보존해둔 record를 말한다."* 이 정의에 따르면 남북정상회담록 같은 국가 차원의 문서부터 내가 친구에게 보낸 편지까지 '기록'의 범주에 들어간다.

그러면 이건 역사를 탐구할 때 마주하는 사료 아닌가? 맞다. 사료 중 하나이다. 당연하게도 역사학과 기록학은 학문의 대상과 주체에서 서로 겹친다. 물론 이 겹침은 시대와 지역, 학제에 따라 거의 겹치지 않을 수도 있고, 완전히 겹칠 수도 있다. 우리의 논의는 그 양단 어디쯤에서 이루어질 것이다.

본문은 크게 네 장으로 구성했다. 1장에서는 역사(학)가 기록류에 담긴 사실 또는 그 사실에 대한 탐구라는 점을 자칫 망각할 때 벌어지는 오해나 오류를 다루었다. 늘 그런 것은 아니지만 오

* 힐러리 젠킨슨, 이상민·오항녕 옮김, 《기록관리 편람*A Manual of Archive Administration*》, 행정자치부 정부기록보존소, 2003, 9쪽.

류를 통해 배우는 경우가 많기 때문이다. 삐끗하는 곳, 거기가 급소일 경우가 많다.

2장에서는 역사학의 고전적 본보기로 거론되는 헤로도토스와 사마천의 사례를 들어 역사학과 기록학이 얼마나 가까운지, 아니 일치하는지 확인할 것이다. 직접 적든지 남이 적은 걸 베끼든지, 답사를 하든지 사람들의 말을 받아 적든지 하면서 역사를 남기는 일은 기록자이자 전달자인 역사가가 하는 일이다. 이 작업에 기대어 당대 또는 후대의 역사 연구와 교육이 이루어질 것이다.

3장에서는 기록학의 ABC, 즉 기초를 알아보겠다. '기록학'이라는 용어가 한국 사회에서 시민권을 얻은 것은 그리 얼마 되지 않는다. 기록학 외에 기록관리학, 기록보존학 등의 용어도 사용되고 있는데, 'Archival study', 'Archival science'의 번역어로 보면 된다. 고문서학, 고문헌학 역시 개념으로 보면 기록학의 범주라고 할 수 있다. 역사학과의 관계를 어떻게 설정하든 현대 기록학은 나름의 이론 체계, 연구 방법을 발전시켜왔다. 이를 3장에서 개관하여 기록학에 대한 이해를 돕고자 한다.

이상의 과정을 거치고 나면 다시 역사학과 기록학 또는 기록학과 인접 학문의 관계를 알아봐야 하는데, 이것이 4장이다. 예상한 대로 역사학과 기록학은 이미 오래전부터 겹쳐 있었다. 용어나 표기의 차이에도 불구하고 두 학문 분야는 일란성 쌍생아도 아닌 한 몸이었던 것이, 학문 분화가 이루어지기 이전의 실제 모습이었다고 해도 과언이 아니다.

현대 기록학은 분과의 분화와 함께 다른 인접 학문과 교류를 시작했고 사회 활동의 폭을 넓히면서 역할을 자임했고, 거기서 필요한 논리와 방법, 실천을 쌓아나갔다. 대학의 역사학과가 이런 기록학의 제반 활동으로부터 자양분을 얻을 수 있기 바란다.

2024년 2월

저자

차례

◐ **들어가며** 005

01 '기록' 빠진 역사 이해 012

임해군 반역 사건 033

02 헤로도토스와 사마천 044

《사기》의 편찬과 아카이빙 051

구술, 전해오는 이야기의 채집 057

문서, 기록의 일반 형태 060

《역사*Histories*》와 아카이빙 061

헤로도토스의 답사 063

이야기를 좋아하는 사람 066

문서로 짐작되는 기록 068

역사는 지어내지 않는다 074

03 기록학의 기초와 원리 084

기록은 어울려 존재한다 087
누가 생산하는가 095
기록archive의 성격 또는 자격 104
기록인 윤리 111

04 기록으로 살아나는 역사 115

같은 전통 120
기록으로 살아나는 역사 141

◑ 에필로그 154

참고문헌 158
찾아보기 163

01
'기록' 빠진 역사 이해

역사학과 전공 공부를 하면서 처음으로 1차 사료, 2차 사료라는 구분을 들었던 것으로 기억한다. 《조선왕조실록》은 2차 사료, 《승정원일기》는 1차 사료 이렇게 나누어 배웠다. 《승정원일기》는 상소나 대화를 그대로 다 적어놓았다는 점에서 1차 사료이고, 《조선왕조실록》은 실록청에서 기록을 줄이고 덜어내는 과정, 즉 편찬을 거쳤기 때문에 2차 사료라는 설명이었다.

나중에 알게 되었지만 1차 사료, 2차 사료는 20세기 초 독일 역사학자 베른하임의 구분이었다. 그는 사료를 ① 직접 관찰과 기억, ② 전승 기록Tradition, ③ 유물이나 유적Überreste으로 나누고, ②의 전승 기록을 다시 구비口碑, 문자, 도화圖畫로 나누었다.* 여

* 에른스트 베른하임, 박광순 옮김, 《역사학 입문》, 범우사, 1985, 제3장 역사학의 연구수단, 제2절 사료학. 이하 이 책의 번역서 인용 때는 약간 보충하거나 수정

기서 문자 전승 기록 가운데 본원 기록을 1차 기록, 유도誘導 기록을 2차 기록으로 불렀다. 본원 기록은 이후 모든 전승, 전달, 인용, 이야기의 출발이 되는 기록을 말한다. 본원 기록에서 파생되어 나오는 이후의 기록들, 그러니까 인용, 분석과 종합, 또 다른 가공을 거치면 유도 기록이 된다.

그런데 이 구분법을 《조선왕조실록》과 《승정원일기》에 적용할 수 있을까? 《조선왕조실록》과 《승정원일기》의 구분선이 '편찬'이라는 건데, 문제는 이 편찬을 어떻게 이해하는가에 따라 둘의 구분이 갖는 타당성이 결정된다는 점이다. 역사학자들은 편찬 과정에서 사초史草나 공문서를 덜고 줄이는 과정이 있으니 실록은 본원 기록이라기보다 유도 기록으로 봐야 한다고 생각하는 것 같다. 실제로 편찬 과정에서 《승정원일기》를 가져와 줄여서 베낀 뒤 실록에 수록하기 때문에 이런 견해도 충분히 이해가 간다.

한데 기록학자의 관점에서 보면, 사관의 사초든, 《승정원일기》 같은 문서든 실록의 초고[草]일 것이다. 그리고 정당한 관할권 custodianship을 가진 사관들이 이들 초고를 편찬하여 실록이라는 역사 기록으로 남긴다. 즉 실록은 아카이브archive로서의 자격에 아무런 문제가 없는 것이다. 다시 말해 사초란 편지의 초고처럼 정서하여 친구에게 부친 뒤 폐기하게 되어 있는 성격의 기록이

했다. 따라서 그로 인한 오류나 오해는 내 책임이다.

• [그림 1] 조선왕조실록(오대산사고본) •• [그림 2] 승정원일기
20세기 초 독일의 역사학자 베른하임은 사료를 본원 기록과 유도 기록으로 나누고 본원 기록을 1차 사료, 유도 기록을 2차 사료로 불렀다. 베른하임의 분류를 통해 보면 《승정원일기》는 상소나 대화를 그대로 다 적어놓았다는 점에서 1차 사료이고, 《조선왕조실록》은 실록청에서 기록을 줄이고 덜어내는 과정, 즉 편찬을 거쳤기 때문에 2차 사료라고 말할 수 있다. 그러나 기록학의 관점에서 보면 《승정원일기》든 《조선왕조실록》이든 1차 사료라 말하지 못할 이유가 없다.
* 소장처: 국립고궁박물관; 출처: 문화재청.

며, 친구에게 부친 편지가 역사 연구의 1차 사료이듯 사초를 폐기할 건 폐기하고 남길 건 남긴 실록 역시 1차 사료라고 보지 않을 이유가 없다.*

왜 역사학의 견해와 기록학의 접근 사이에 이런 차이가 나타났을까? 이 질문은 책 전체를 관통하고 있다. 이 차이는 충분히 해소될 수 있으며, 해소와 함께 역사학은 더 탄탄한 토대 위에서 연구를 확장할 수 있으리라 믿는다.

이미 밝혔듯이 기록학에서 말하는 '기록archive'이란, "그 자체가 관련된 행정 또는 공적·사적 일을 하는 과정에서 작성되었거나 사용되고, 그 일의 담당자나 법적 계승자들이 자기들이 필요한 정보 때문에 자신들의 관리 아래 보존해둔 문서record"를 말한다. 매체나 형식은 상관없다. 돌, 나무, 종이, 필름, 사진, 2바이트bit 전자파일에 남을 수도 있다. 참고로 아카이브archive라는 용어는 장소, 즉 기록관을 나타낼 때 쓰기도 한다.

경우에 따라서는 'Record'와 'Document'를 함께 같은 뜻으로 쓰기도 하고, 구분되는 개념으로 쓰기도 한다. 'Record'는 우리말로 '문서' 쪽에, 'Document'는 '기록 일반' 쪽에 가깝게 사용한다. 둘 다 우리말로는 '기록'으로도 쓰기 때문에 애매할 때도 있

* 물론 여기에는 1차 사료와 2차 사료의 구분이 모호하거나 어려운 점이 있다는 이유도 개재되어 있다. 박인호, 〈사료와 역사 연구〉, 한국사학사학회 편, 《21세기 역사학 길잡이》, 경인문화사, 2008, 제7장.

• [그림 3] 미국 국립기록청 •• [그림 4] 영국 공공기록관

미국 국립기록청National Archives and Records Administration은
'Archive'와 'Record'를 구분하지만, 영국 공공기록관Public Record Office은 둘을 같이 쓴다.

다. 일기, 편지 등으로 남은 수고手稿(manuscript) 역시 기록학의 대상으로 아카이브archive에 포함하기도 한다. 이렇듯 학문, 개념은 그것이 발생한 지역의 언어로 표현되고, 학제 등 용처에 따라 다르게 용어가 생기기 때문에 괴리와 지체를 피할 수 없다.

미국의 국립기록청National Archives and Records Administration처럼 'Archive'와 'Record'를 구분하는 경우도 있지만, 영국 공공기록관Public Record Office* 처럼 둘을 같이 쓰는 경우도 있다. 물론 중국처럼 완전히 자신들의 단어로 당안檔案이라는 말을 쓰는 곳도 있다. 조선 시대의 경우 'archive'는 사초나 실록에 가깝고, 'record'는 흔한 어법으로 말하면 일반 관청 통행 문서에 가깝다.

이런 점을 고려하여 표기에 조금 여유를 가지고 기록학Archival Studies을 생각하면 좋겠다. 기록archive, 문서record, 기록 일반document, 정보information, 수고manuscript 등의 용어는 언어, 역사맥락, 학제, 법제 등의 이유로 겹치거나 모호한 부분이 있다.** 논의에 필요한 쟁점은 그때그때 언급하겠지만, 먼저 역사학의 대상이 되는 사료를 간략히 살펴보자.***

* 영국은 현재 'National Archives'라는 명칭으로 바뀌었다.
** 설문원, 《기록학의 지평》, 2021, 17~34쪽.
*** 이상신, 《역사학 개론》, 1994, 59~67쪽.

〈표 1〉 역사학의 대상이 되는 사료

(1) 잔존 형태	① 기록 문헌	비문碑文, 파피루스, 종이에 남은 공적, 사적 문서, 증서, 특허장, 조약문서, 임명장, 판결문, 편지, 출판물, 연보, 일기, 역사서
	② 물품이나 작품	옷, 무기, 가구, 화폐, 문장, 동상, 그림, 지도, 교회, 사원
	③ 사건이나 상황	제도, 습관, 풍속, 언어, 민속춤
(2) 남긴 의도성	① 비의도적 유물	유품, 유물, 제도 등 무의식적, 자연적으로 전달되고 있는 것. 주거지, 건물, 화폐 등이나, 편지, 작품 또는 의식儀式, 관습 등.
	② 의도적 유물	연대기, 연보, 회고록, 역사 서술, 구전, 신화, 놀이
	③ 기념물	증명서, 비문, 기념탑, 문장紋章

이상신의 사료 분류는 베른하임과 드로이젠의 분류를 토대로 한 것이다.[*] 이 분류 역시 학자에 따라 기준을 달리하면 변할 것이다. (2)에서 의도 여부를 기준으로 나누었지만, 과거 사람들의 의도를 어떻게 알겠는가? 또한 (1)-③의 제도가 (1)-①의 기록 문헌 형태로 축적되고 (2)-③의 기념비로 남는 경우처럼, 사료는 단순하지 않고 복합적이기도 하다는 데 분류의 어려움이 있다.

다만 기록학의 정의에 따르면 적어도 (1)-①의 기록 문헌 대부분, ② 물품이나 작품의 일부가 기록학의 대상인 '기록archive'에

* 에른스트 베른하임, 《역사학 입문》; 요한 구스타프 드로이젠, 이상신 옮김, 《역사학*Historik*》, 나남, 2010.

• [그림 5] 에른스트 베른하임 •• [그림 6] 요한 구스타프 드로이젠
이상신은《역사학 개론》(1994)에서 역사학의 대상이 되는 사료를
'잔존 형태'에 따라 ① 기록 문헌, ② 물품이나 작품, ③ 사건이나 상황으로,
'남긴 의도성'에 따라 ① 비의도적 유물, ② 의도적 유물, ③ 기념물로 나누었다.
이 같은 분류는 베른하임과 드로이젠의 분류를 토대로 한 것이다.

포함되리라는 점은 확인할 수 있다. 그래서 많은 역사가가 기록관(문서관archive)을 찾아 먼지 속 문서를 뒤적이는 것이다. 우리의 역사 탐구 활동이 엄연히 기능하고 있는 한 이 책의 주제인 역사학과 기록학의 관계를 살펴볼 수 있을 것이다. 즉 역사학과 기록학의 관계가 논의를 통해 통제할 수 없을 만큼 모호한 주제는 아니라는 말이다. 우선 쉬운 사례를 통해 논의의 문턱을 넘어보자.*

제목만으로 흥미로웠던 책이 있었는데, 유시민의 《역사의 역사》가 그것이다.** '역사의 역사'를 역사학과에서는 통상 '사학사'라고 부른다. 역사학의 전공 필수 과목 중 하나이다. 역사학의 시대별 흐름을 살펴 그때그때의 특징과 일반적 성격을 배우는 것이다. 세상 만물이 모두 시간의 흐름에 따라 변하는데 역사학이라고 예외이겠는가.

다만 유시민의 책은 사학사의 성격이 없지는 않지만, 그보다는 역사책에 대한 독후감의 성격이 짙다. 전공자가 볼 때도 유시민의 논의 수준은 높다. 주요 역사책이 포함되어 있고, 해당 역사책에 대한 이해가 충실히 반영되어 있기 때문이다. 유시민은 역사공부가 '흥미로운 역사의 사실을 아는 즐거움'에 더하여, "저자들이 역사의 사실과 논리적 해석에 덧입혀둔 희망, 놀라움, 기쁨, 슬픔, 분노, 원망, 절망감 같은 인간적 도덕적 감성이었다. 역사의

* 오항녕, 〈유시민의 《역사의 역사》에 대한 소감〉, 《프레시안》 2019년 8월 25일.
** 유시민, 《역사의 역사》, 돌베개, 2018.

매력은 사실의 기록과 전승 그 자체가 아니라 시간과 공간을 뛰어 넘어 생각과 감정을 나누는 데 있음을 거듭 절감했다"고 했다(16~17쪽). 나 역시 이 말에 동감한다.

물론 동의하지 못할 대목도 있다. 바로 지금 주제인 기록과 관련된 서술이다. 유시민은 "역사는 단순히 사실의 '기록'이 아니라 사실로 엮어 만든 '이야기'이기 때문이다. 사실 없이 역사를 쓸 수도 없지만, 그저 사실을 기록하기만 한다고 해서 역사가 되는 것도 아니다. '사실의 기록'은 역사 서술의 필요조건일 뿐이다"라고 했다(14쪽). 이는 '인류 사회의 변천과 흥망의 과정 또는 그 기록'* 이라는 국어사전의 '역사'에 대한 정의와 다르다.

그는 또 자신의 책에서 말하는 역사는, 다른 설명이 없는 한 언제나 "인간의 삶과 사회의 변화 과정을 이야기하는 문자 텍스트"(15쪽)라고 했다. 그러므로 그가 말하는 역사는 역사 서술과 같은 말이다. 필요하면 이렇게 제한하고 논의를 진행할 수도 있을 것이다.

하지만 그는 역사 서술에 해당되는 논의를 역사 전반에 대한 논의로 확대하면 오류가 생긴다는 점을 인식하지는 못한 듯하다. 집합 개념으로 보면 '역사>역사 서술'일 수밖에 없는데, 스스로도 그걸 인식하고 있는 듯한데, 막상 책에서는 종종 '역사=역사

* 국립국어원 표준국어대사전(https://stdict.korean.go.kr)

[그림 7] 《역사의 역사》

유시민의 《역사의 역사》는 역사학과에서 역사학의
시대별 흐름을 살펴 그때그때의 특징과 일반적 성격을 배우는 '사학사'이다.
다만 《역사의 역사》는 사학사라기보다는 역사책에 대한 독후감의 성격이 짙다.
논의 수준이 높고 공감할 수 있는 내용도 많지만, 이 책의 주제인 기록과
관련된 서술에서는 동의하기 어려운 점이 있다.
역사 서술에 해당되는 논의를 역사 전반에 대한 논의로 확대하면
오류가 생긴다는 점을 인식하지 못한 듯 보이는 부분이 있는 것이다.

서술'로 서술하기 때문이다. 이런 혼동을 명료히 하기 위해 〈표 2〉를 보자.*

〈표 2〉 역사의 영역

	주체	산출물
1범주: 흔적	나, 학생, 공무원, 과학자, 언론 ……	일기/편지, 일지/공문서, 숙제, 실험보고서, 취재노트……
2범주: 전달= 저장기억	나/자손의 기억, 기록관/박물관/도서관, 역사학자, 선생님 ……	일기, 족보, 전시 또는 폐기, 문집, 교사校史……
3범주: 이야기 =기능기억	나/자손, 영화감독, 역사 연구자, 소설가, 기업 ……	평전/자서전, 드라마/영화, 교과서, 저술/ 논문, 게임/역사체험……

1범주는 사람이 살았던 흔적이자 기록이다. SNS 문자나 편지, 실험보고서, 공문서가 그것이다. 인간이 사는 이상 남는 흔적이다. 때론 순간을 하나의 특정한 시간에 고정시키려고 남기기도 한다.

2범주는 이런 흔적을 자연스럽게 또는 목적을 가지고 다음 세대로 보존하거나 전달하는 일이다. 기록관이나 박물관, 도서관 등이 이 일을 담당한다. 기록학이 종종 '기록관리학'으로 불리는 것은 바로 기록관에서 기록을 수집 또는 인수, 보존, 관리, 활용하

* 더 상세한 논의는 이 책과 함께 출간될 《역사학 1교시, 사실과 해석》, 푸른역사, 2024, 96~97쪽 참고.

기 때문이다.

3범주는 그렇게 보존, 전달된 흔적으로 과거를 연구하거나 응용 프로그램을 만들어 노는 일이다. 논문, 드라마, 게임 등이 여기에 포함된다. 이렇게 세 범주 모두 역사의 영역이고, 전부 또는 일부가 역사-행위이자 역사-활동이다. 범주마다 성격이 다른 기록이 산출될 뿐 아니라, 기록과 맺는 인간의 행위가 달라진다.

> 원사료의 본질로부터는 더 의미 있는 하나의 또 다른 차이가 생긴다. 원사료란 발생한 상황을 파악한 사람의 견해이므로, 거기에는 이중적인 순간이 들어 있다. 즉 파악하는 사람의 순간과, 그가 파악한 대상, 즉 사건의 순간이다.*

드로이젠은 직접적인 원사료와 간접적인 원사료Quellen의 범주가 다르다고 말한 뒤 이렇게 덧붙인 바 있다. 직접-간접이라는 표현은 베른하임의 1차, 2차와 같은 의미일 것이다. 드로이젠의 이중적 의미는 기록, 나아가 사료의 근원적 성격을 보여주는 바, 그의 이중성이라는 말을 나는 세 범주로 설명하고 있는 중이다.

아무튼 유시민은 이러한 기록의 다양한 성격까지는 미처 생각하지 못한 듯 보인다. 이는 역사학계에 사실과 사건을 구성하는

* 요한 구스타프 드로이젠, 《역사학》, 139~140쪽.

기록에 대한 논의가 거의 없었던 데 근본적인 이유가 있다. 유시민이 읽은 역사책은 내 구분에 의하면 주로 '이야기' 영역에 속하는 저서였다. 역사를 역사 서술로 제한하면서 그의 역사에 대한 논의는 삐걱거리기 시작했다. 그리고 거기에는 이 책에서 다루는 기록학의 '기록'에 대한 오해가 스며들어 있다.

유시민은 역사와 역사 서술, 기록들의 범주 차이를 고려하지 않으면서 자신이 읽은 역사책을 모두 '역사 서술'에 포함시켰다. 그럴까? 그가 읽은 사마천의 《사기》를 예로 살펴보자. 본기나 열전에서 '이야기'를 듣는 느낌이 없는 것은 아니지만, 그렇다고 《사기》를 이야기로 보기에는 무리가 있다. 정책, 제도, 문물의 분야사인 8편의 서書, 연표에 해당하는 10편의 표表는 '이야기'하는 바가 별로 없다. 유시민이 말하듯 '르포르타주, 보고서, 학술논문을 뒤섞은 형식'처럼 보이는 '기록Record-보존기록Archive'이 《사기》에는 많이 포함되어 있다. 이야기가 많은 듯 보이는 본기나 세가, 열전도 1차적으로 이런 성격을 띤다는 게 내 생각이다.

이 점은 《사기》가 그 효시인 동아시아 역사의 기전체 형식 역사책에 공통적으로 적용되는 특징이다. 왕조라고 부르든, 국가라고 부르든, 문명이라고 부르든, 기전체는 그 '덩어리'를 기록·정리하고, 새로운 시대의 참고자료로 쓰기 위해 편찬했던 역사 형식이었다. 유시민도 사마천이 《사기》를 쓴 첫 번째 목적은 사실을 기록으로 남기는 것이라고 했는데(63쪽), 그 말을 내 표현으로 바꾸면 '이야기'가 먼저가 아니라 제1, 제2범주인 '기록과 전달=보

• [그림 8] 이븐 할둔 •• [그림 9]《역사서설》

"역사학을 하나의 과학적 학문으로 정립한 사람"이라는 평가를 받고 있는 이븐 할둔의《역사서설*Muqaddimah*》은 다른 문명에 대한 호기심을 끌기에 충분한 이야기가 있지만 '자료집'에 가깝다. 서론에서는 역사가의 미덕, 연구 방법, 저지르기 쉬운 오류를 서술하여 '역사학 개론'의 성격도 가지고 있지만, 제1장부터 제6장까지는 인간 문명 일반의 지리, 기후, 종교, 민족과 집단, 왕조의 제의祭儀, 왕권과 왕조사, 지방과 도시, 경제 활동과 기술, 학문과 교육 등에 대한 자료를 제시하고 있다.

존'이 먼저라는 말이 될 것이다.

이븐 할둔의《역사서설*Muqaddimah*》도 마찬가지여서, 다른 문명에 대한 호기심을 끌기에 충분한 이야기가 있지만 역시 '자료집'에 가깝다.* 이븐 할둔의 첫 직책은 술탄Sultan 주위에서 공문서를 작성하는 서기書記, 곧 조선의 사관이었다.《역사서설》은 서론에서 역사가의 미덕, 연구 방법, 저지르기 쉬운 오류를 서술하여 마치 유지기의《사통》같은 '역사학 개론'의 성격도 가지고 있지만, 제1장부터 제6장까지는 인간 문명 일반의 지리, 기후, 종교, 민족과 집단, 왕조의 제의祭儀, 왕권과 왕조사, 지방과 도시, 경제 활동과 기술, 학문과 교육 등에 대한 자료를 제시하고 있다.

여기서《사기》와《역사서설》이 공유하는 성격을 발견할 수 있다. 독자층-인쇄술이 없는 시대의 역사책이 과연 어떤 목적과 기능을 지녔을까? 아무래도 제3범주인 이야기 쪽보다는, 제1, 제2범주인 '기록'과 '기록의 후세 전달Archiving'에 우선적인 목적이 있지 않았을까?

유시민은 역사서의 역사에 대한 이해를 혼동함에 따라, 역사의 문학성이라는 주제를 다루면서 '허구의 역사'가 가능하다는 주장까지 하게 된다.** 사마천의《사기》는 원체 그 문학성을 높이 평가

* 이븐 할둔, 김호동 옮김,《역사서설—아랍 이슬람 문명》, 까치, 2003.

** 문학성을 허구로만 이해하는 데서 오해가 시작된다. 문학성은 허구만이 아니라 문장과 표현의 창조성과 감동도 포함한다. 오항녕, 〈유시민의《역사의 역사》에

받아온 업적이다. 오히려 이런 이유로 역사와 문학의 경계를 회의하게 만드는 사례로 언급되어왔다. 사마천이 "전해 내려오는 것을 간추려 정리하려 할 뿐, 창작하려는 게 아니다"라고 한 말조차, 유시민은 사실에 근거해 서술했다는 점을 강조한 말일 뿐 지어낸 이야기가 없다는 뜻이 아니라고 주장했다. 즉 지어낸 이야기가 《사기》에는 있다는 말이다. 그 증거로 유시민은 괴통蒯通의 진술을 인용했다.

괴통은 한신韓信의 책략가였다. 한신은 시장에서 건달의 가랑이 사이를 기었던 인물로, 항우項羽에게 유방劉邦을 이길 수 있는 전략을 제안했으나 듣지 않자 한나라로 도망쳤다. 그런 그를 유방의 참모 소하蕭何가 발탁했고, 이후 그는 군대를 통솔하는 대장이 되었다. 제齊나라를 친 뒤, 유방은 장수였던 한신의 공로를 인정하지 않을 수 없어 제나라의 왕으로 삼았다.

괴통은 한신에게 연나라와 조나라 세력을 합쳐 한나라와 초나라에 맞서는 삼분지책三分之策을 올렸던 인물이다.* 괴통은 '들짐승을 다 잡고 나면 사냥개를 삶는다[野獸已盡而獵狗烹]'는 말로 한신을 설득했다. 하지만 한신은 망설이며 한나라에 등을 돌리지 못했다. 괴통은 거짓으로 미친 척하고 무당이 되었다. 한 고조를 찾아갔던 한신은 사로잡혀 '약은 토끼를 잡고 나면 좋은 사냥개

대한 소감 ①·②〉, 《프레시안》 2019년 8월 23일, 24일 참고.

* 사마천, 《사기》 권92, 〈회음후열전淮陰侯列傳〉.

를 삶는다[狡兔死 良狗烹]'는 말을 듣고 회음후淮陰侯로 강등되었다. 급기야 여후呂后에게 축하하러 갔다가 장락궁에서 목이 베이고 삼족이 죽임을 당했다.

이때 한신이 죽으면서 "괴통의 계책을 쓰지 못한 것이 안타깝다"라고 한 말이 빌미가 되어 괴통을 체포하라는 명이 떨어졌다. 괴통은 바로 잡혀 왔다. 사마천의 서술에 따르면, 괴통의 죄목은 한신에게 '용기와 지략이 군주를 떨게 만드는 자는 그 자신이 위태롭고, 공로가 천하를 덮는 자는 상을 받지 못한다'고 설득하여 독자 세력을 형성하도록 유도했다는 것이었다. 한 고조가 괴통을 삶아 죽이려고 하자, 괴통은 "개는 본래 자기 주인이 아닌 사람을 보면 짖게 마련입니다"라 말하며 자신이 한신을 섬긴 게 정당하다고 주장하여 죽음을 모면했다.

유시민은 괴통이 한신에게 독립할 것을 권했다는 사마천의 서술을 두고 "밀실에서 둘이 대화를 나누었으니 기록이 남았을 리 없다. …… 소설가들이 쓰는 '전지적全知的 작가 시점'을 사용한 것이다"라고 했다(72~73쪽).

과연 그럴까? 내 생각은 다르다. 두말할 것도 없이, 없는 사실을 소설가처럼 지어냈다면 사마천은 역사가일 수 없다. 《사기》에도 나와 있지만 괴통은 잡혀 와서 심문을 받았고, 이 과정에서 말한 진술 가운데 위와 같은 '밀실의 대화'가 포함되어 있다.

한신: 선생이 보기에 내 관상이 어떻습니까?

괴통: 잠시 주위 사람들을 물리쳐주십시오.

한신: 모두 물러가라.

괴통: 장군의 관상을 보니 제후로 봉해지는 데 지나지 않으며, 게다가 위태롭고 불안합니다. 그러나 장군의 등을 보니 귀하기가 이를 데 없습니다.

한신: 그게 무슨 말입니까?

이렇게 해서 괴통은 앞서 말한 한신의 제나라(+연나라와 조나라), 유방의 한나라, 항우의 초나라가 정립하는 삼분지책을 한신에게 설명하게 되는 것이다. 삼분지책은 한신이 사람들을 나가게 한 뒤 괴통이 나눈 대화에 나오니까, 유시민은 이게 사마천이 꾸민 말이라고 본 것이다.

먼저 《사기》에 꾸며낸 사실이나 말이 있다면 그건 '역사'가 될 수 없다는 게 나의 견해이다. '허구의 역사'는 '네모난 삼각형'처럼 성립 불가능한 것이라는 관점이다. 그렇다면 괴통의 삼분지책에 대한 정보는 어디서 나왔는지 설명해야 한다. 내 생각은 이렇다.

"괴통의 계책을 쓰지 못한 것이 안타깝다"는 한신의 말 때문에 괴통은 체포되었고, 실제로 유방에게서 심문을 받았다. 심문 내용에는 괴통이 한신에게 모반하도록 설득한 일, 한신이 자신의 계책을 쓰지 않은 일에 대한 안타까움이 들어 있다. 자신의 계책대로 했으면 한 고조가 한신을 이길 수 없었을 것이라는 말도 덧붙였다.

이런 사실이 뜻하는 바는 무엇일까? 요즘의 심문조사서 같은 형식의 사료가 남아 있었다는 말이다. 그 심문 내용을 토대로 사마천은 한신을 다룬 〈회음후열전〉에서 순차적으로 편집한 것이 아닐까? 역사 편찬에서 이렇게 추정할 만한 충분한 근거가 있다. 다음은 조선 시대 실록 편찬의 기준이 되었던 〈국정 기록을 편찬하기 위한 범례[時政記纂修凡例]〉의 제1조이다.

> 사관史官의 시정기時政記, 주서注書의 일기日記, 서울과 지방의 겸춘추兼春秋의 기록 외에, 비변사備邊司 장계축狀啓軸, 의금부義禁府 추안推案 및 형조刑曹의 참고할 만한 중요하고 핵심적인[緊關] 문서, 사변事變과 추국推鞫에 대한 주서 일기도 마찬가지로 가져와서 검토하여 갖추어 적는다.

이 〈범례〉에서 기록 생산의 주체나 사안의 성격으로 보아 괴통의 진술과 같은 기록은 '의금부 추안'이나 '사변 또는 추국에 대한 주서 일기'에 해당할 것이다. 의금부는 양반을 비롯한 고위관료나 반역 사건을 담당하는 주무 관청이다. 주서는 승정원 관원으로 《승정원일기》의 작성과 관리를 맡는다. 의금부를 중심으로 피의자를 조사할 추국청推鞫廳이 설치된다. 이어 영의정 같은 정승급이 위관委官을 맡고, 형벌 관계 부처인 형조, 사헌부와 사간원 관원이 심문에 참여한다. 이를 기록하는 등록낭청謄錄郎廳도 따로 있었고, 사관이나 승정원 주서 역시 이 사건을 나름대로 기록하여 사초나 일기에 기록했다. 사례를 하나 살펴보자.

임해군 반역 사건

1608년 2월 2일, 광해군이 즉위했다. 아버지 선조는 하루 전인 2월 1일에 세상을 떴다. 그로부터 보름이 지나지 않아, 형 임해군臨海이 반역 혐의로 고발당했다. 2월 14일, 감찰을 담당하던 사헌부의 장령掌令 윤양尹讓, 지평持平 민덕남閔德男, 헌납獻納 윤효선尹孝先, 정언正言 이사경李士慶·임장任章 등은 통상처럼 합계合啓를 올렸다.

> 임해군 이진李珒은 오랫동안 다른 마음을 품고서 사사로이 군기軍器를 저장하고 몰래 결사대를 양성하였습니다. 지난해 10월 대행 대왕께서 편찮으실 때부터 반역의 무리를 다수 모았을 뿐만이 아니라 또한 많은 장수들과 결탁하여 무사들을 불러 모아놓고 밤낮으로 은밀히 불궤不軌(반역)를 도모하고 있는데 이는 온 나라 사람들이 다 같이 분명히 알고 있습니다. 승하하는 날에는 상喪이 나가기도 전에 공공연히 자기 집에서 나갔다가 한참 시간이 지난 뒤에야 달려 들어왔으니, 그 행적이 비밀스러워 가병을 지휘한 정상이 환히 드러났습니다. 지금 궁궐 가까이에서 집을 짓는다고 핑계 대고 철퇴·환도를

빈 가마니에 싸서 대량 들여갔으니, 헤아릴 수 없는 화가 조만간 닥칠 것입니다. 종묘사직을 보존시킬 대계를 위하여 속히 대신과 병조가 조속히 처치하게 하여 외딴 섬에 유배를 보내 성상께서 우애하는 지극한 정을 온전히 하고 중외 사람들이 의심하고 두려워하는 마음을 안정시키십시오.*

이는 《광해군일기》에 실린 기사이다. 원래 순서는 사헌부나 사간원의 고발→조정 논의→추국청 설치→심문→1차 심문에 대한 논의 등의 순으로 진행하고, 이 모든 과정은 '추안推案' 또는 '국안鞫案'이라고 불리는 추국청 문서로 작성, 등록되는 것이 관례였다.** 이 추국청 문서가 후일 실록청(광해군은 폐위되었으므로 일기청)에서 실록을 편찬할 때 기초 자료가 된다. 조선 시대의 추안과 국안은 안타깝게도 임진왜란 전후로 모두 인멸되었고, 선조 후반부터 기록이 남아 있다.

임해군 옥사에 대한 추안 중 온전히 남아 있는 것은 2월 19일자부터이지만, 일부 앞부분이 남아 19일 이전에 추국청이 설치되어 심문이 진행되었음을 알 수 있다. 현존 《광해군일기》에 실린 임해군 옥사 관련 기록은 대부분 추안 또는 국안을 편찬 자료로

* 《광해군일기》(중초본) 즉위년 2월 14일.

** 조선 시대 추국청의 운영은 김우철, 〈조선 후기 推鞫 운영 및 結案의 변화〉, 《민족문화》 35, 2010 참고.

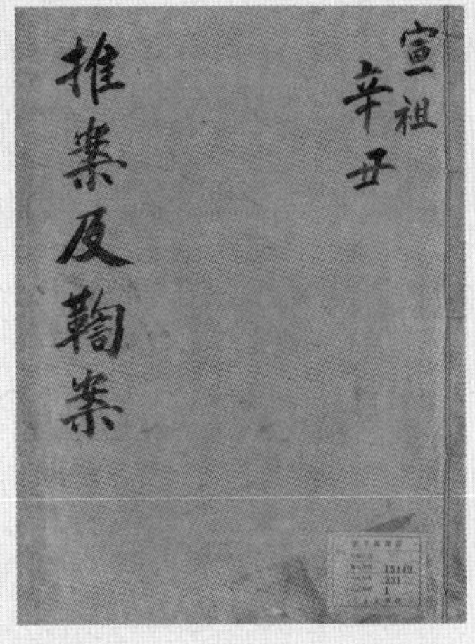

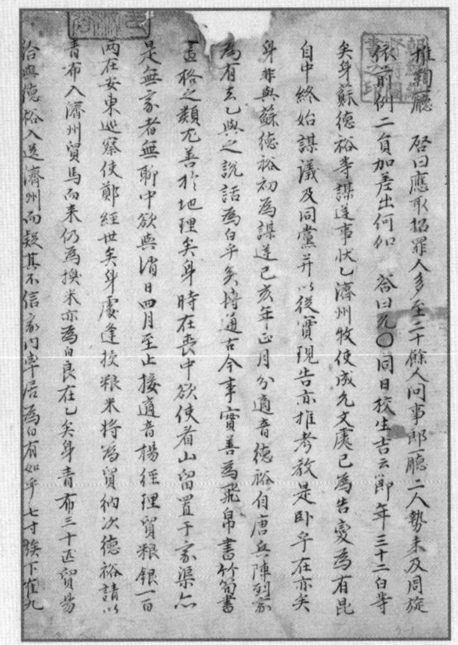
推鞫廳 啓曰應取招罪人多至二十餘人同事郞廳二人勢未及周旋
依前例二員加差出何如 答曰允○同日校生吉云節年三十二白等
矣身蘇德裕等謀逆事狀乙濟州牧使成允文處已爲告變爲有昆
自中終始謀議及同黨并以從實現告亦推考敎是卧乎在亦矣
身非與蘇德裕初爲謀逆乙亥年正月分適音德裕自唐兵陣到家
爲有去乙與之說話爲白乎矣將通古今事實善爲帛書竹箭書
直格之類尤善於地理矣身時在喪中欲使着山留置于家渠亦
是無家者無聊中欲與偕日四月至止接適音楊經理貿糧銀一百
兩在安東巡察使鄭經世矣身處逢授糧米將爲貿納次德裕請以
青布入濟州貿馬而來仍爲換米亦爲白良在乙矣身青布三十疋貿易
給與德裕入送濟州而疑其不信家內率居爲白有如乎七寸族下崔九

[그림 10] 《추안급국안》

조선 시대 중죄인의 조사·판결서를 모은 책.

원래는 '추안' 또는 '국안'이라고 불리는 추국청 문서로 작성, 등록되는 것이 관례였다. 이 추국청 문서가 후일 실록청에서 실록을 편찬할 때 기초 자료가 된다.

삼아 남긴 것이다.

사헌부 윤양 등의 공동 고발은 곧 광해군의 전교傳敎가 되었고, 이 전교를 근거로 추국청에서는 심문 항목(문목問目)을 만들었다. 그리고 이 문목으로 임해군을 비롯한 지순·하문을리 등 식솔, 하인, 사건 관련자를 심문했다. 심문 과정에서 나온 진술이 《사기》에 실린 괴통의 발언이 주는 현장감을 이해하는 데 도움이 되는 것 같아 좀 더 살펴보기로 하겠다.

먼저 임해군 궁가宮家(왕자나 공주의 집)에서 일하던 종들이 불려왔다. 정룡·순남 등을 평문平問(말로 하는 심문)했으나 내내 역적모의는 부정했다. 지순과 하문을리·모을로 등도 마찬가지였다. 그러자 이들에게 곤장을 치며 심문했다. 그래도 승복하지 않자 이번에는 무릎을 짓이기는 압슬로 형문하기 시작했다. 궁가의 살림을 도맡았던 김환(75세)도 추국청의 심문 내용을 전혀 인정하지 않았다. 그의 진술을 보자.

> 저는 장무掌務(궁가의 살림 관리인)로 10년 동안 일했습니다. 질문하신 일은 모두 사실이 아닙니다. 정말 이런 일이 있었다면 어찌 문서로 된 증거가 없겠습니까. 상전과 소송이 걸린 사람이 아주 많아서 그 소송 당사자들이 지어낸 말에 지나지 않습니다. 제가 말하는 소송 당사자란, 지난번 아버지인 유 아무개[柳哥]가 궁의 종에게 살해되었다고 저희 궁을 모함했다가 유배를 당한 그의 아들을 말합니다. 이 일은 사실이 아니었는

데도, 일부러 마음먹고 이렇게 모함했습니다.
무기는 전혀 감추어둔 것이 없습니다. 많은 역적 무리를 모았다고 하는데, 저의 상전의 집에 절대 그런 사람들은 없었습니다. 이번에 체포된 사람은 모두 종들이며, 두 사람은 말 먹이꾼으로 데리고 사는 사람들입니다.
상전께서는 평일에는 어디를 드나들지 않았고, 사냥을 했던 적도 없습니다. 보통 때는 집에서 활로 작은 표적이나 과녁을 쏘았고, 다른 사람들과 함께 활쏘기를 한 적도 없습니다. 대행 대왕께서 승하하신 날에 공공연히 나갔다고 심문하셨는데, 그날 저의 상전은 끝까지 궐 안에 있었고 나가지 않았습니다.
철퇴와 환도를 싸서 들여왔다고 하셨는데, 저의 상전 집을 이미 수색했으니 정말 감추어두었다면 바로 찾아내면 될 일입니다. 이 일을 발언한 자가 있을 텐데, 저야 나이가 들어 죽어버리면 그만이지만, 조만간 사건의 실상이 드러나면 조정에서도 반드시 후회할 것입니다. 이름난 장수들과 무사가 출입한 일도 전혀 없었습니다.*

김환은 문목에 나오는 내용을 대부분 부인했다. 자신은 나이도

* 오항녕 역, 《국역 추안급국안推案及鞫案 선조 34(1601)~광해군 즉위(1608)》 1, 흐름출판, 2014.

먹을 만큼 먹었고 궁가의 일을 훤히 알고 있기 때문에 이번 사건이 당치 않다는 판단에서 그렇게 얘기했을지는 몰라도 듣는 입장에서 보면 매우 당돌한 발언이었다. 실로 문목으로 대변되는 권위, 즉 광해군을 정면으로 공박하는 투였다.

추국은 위관委官(국왕의 위임을 받은 책임 관원)이 국왕을 대신해 진행하는 것이므로 김환의 말은 곧 광해군에게 하는 말이기도 했다. 결국 이렇게 말한 김환은 계속해서 형신刑訊, 그러니까 곤장을 맞아가며 심문을 받아야 했다. '죄상'을 승복하지 않으면 누구나 마찬가지였다.

그 밖에 노비 춘동·범손·마치 등도 추국청에 불려와 심문을 받았다. 득신과 남이는 각각 10세, 8세 된 어린아이에 불과했지만 역시 심문을 받았다. 득신이는 함경도에서 잡혀 왔다. 광해군에게 보고된 심문 기록에도 득신이가 어리다고 되어 있었다. 하지만 추국청은 석방하지 않고 그대로 감옥에 가두었다. 정부(57세)·내은지(34세)·예숙 같은 여자 종들도 나이를 불문하고 심문받았다.

임해군의 자식은 심문 명단에 없다. 임해군은 자식이 없어 선조의 서庶 9남인 경창군慶昌君(정빈貞嬪 홍씨 소생)의 아들 양녕정陽寧正 이경李儆을 양자로 들였는데, 아마 양자라 심문에서 제외했는지도 모르겠다. 부인 양천 허씨도 심문 기록에 없다. 현재 규장각에 남아 있는 '추안급국안推案及鞫案'에는 빠진 기록이 많기 때문에 그럴 수도 있을 것이다. 다만, 현재까지 나의 느낌으로는 무슨 이유에선지 심문하기 위해 허씨를 잡아 온 것 같지가 않다. 이 사건 내내 전혀 허씨의 존재감이 느껴지지 않기 때문이다. 아마 사건 초기에 임해군이 진도로 유배 가면서 허씨가 동행했기 때문이 아닐까 추측된다.

추국 마당에는 '재수 없이' 잡혀 온 사람도 있었다. 평양 산다는 인수, 황해도 황주에 살던 용이라는 사람이 그들이다. 인수는 평양에서 한양으로 일자리를 찾으러 왔다가 잡혔고, 용이는 궁가에 밀가루를 납품하려고 왔다가 붙잡혀 갇혔다. 그저 임해군 궁 옆에 살다가 잡혀 온 사람도 있었다. 산휘는 궁가에 땔나무를 팔러 갔다가 잡혀 왔다.

궁가에 칼 등 일용할 물건을 대던 대장장이 조명환은 못과 말발굽을 만들어주려고 드나들다가 잡혀 왔다. 활 기술자 양선경, 칼 기술자 묵이도 그런 경우였다. 임해군 집에서 놀이판을 벌였던 광대 백은금 등도 임해군의 종으로 오해를 받아 끌려왔다. 의심의 눈으로 보면 이들 광대 무리보다 의심스러운 존재들은 없을 것이다. 어느 시대나 부랑浮浪(떠돌아다님)은 불안이었으니까 말이다. 아무튼 이들은 전라도 정읍을 중심으로 활동했던 남사당패였던 듯한데, 공연 한 번 잘못했다가 낭패를 보고 말았다.

종친이었던 청림부령淸林副令 이언형李彦珩은 임해군과 친했다. 임해군 궁가의 노비들을 심문했더니 그의 이름이 나왔고 그는 추국청에 끌려와 심문을 받던 중 다음과 같이 진술했다. 유심히 읽어주기 바란다.

저는 동대문 밖에 살면서 도요지都要池에 있는 붕어를 잘 잡았습니다. 임해군이 저에게 사람을 보내 말하기를, "내 귀가 어두워져 거북이[龜子]를 구해 약으로 썼으면 한다. 동대문 밖에 사는 종친이 물고기를 잘 잡는다고 들었으니, 꼭 잡아 보내라" 했습니다.

바로 거북이를 잡으려다 잡지 못하여 다만 붕어와 메기만 잔뜩 잡아 보냈고, 그 하인에게 물고기를 잡는 묘책을 일러주었습니다.

임해군이 또 저에게 사람을 보내, "큰 물고기를 잡기가 매우 어려울 텐데, 이렇게 잘 잡는구나. 임금님께 진상하고자 하니 내가 사람을 데리고 나가봐야겠다. 너희들은 흙다리 근처에서 기다려라" 했습니다.

제가 감히 명령을 어기지 못하고 바로 그물을 챙겨가지고 나가 기다렸습니다. 임해군이 와서 물고기를 잡게 했는데, 그날은 마침 잡은 고기가 없었습니다. 임해군이 몹시 화가 나서 얼굴에 대고 욕을 하며 꾸짖었고, 대나무 부채로 물고기 잡던 사람을 마구 때렸습니다. 저는 처음에 거북이를 잡았던 까닭에 임해군과 어부처럼 물고기 잡는 일에 대해 아는 척했습니다.

임해군은 한 달에 두세 차례 기생을 데리고 물고기잡이를 나갔는데, 물고기를 잡은 사람은 조정 관리나 대간臺諫의 종들이었습니다. 이 때문에 소문이 좋지 않았고, 저는 논박을 받아 파직되었으며, 종들의 경우는 매질을 당했습니다. 저는 파직된 뒤 살림살이가 어려워 배천白川 땅으로 내려갔습니다.

작년 1월에 올라왔는데, 그 뒤 대행 대왕께서 편찮으셔서 임해군은 천렵도 하지 않았고, 술 마시거나 활쏘기를 할 때 저는 동참할 수 없었습니다. 제가 가서 뵈면 계단 중간에 앉혀놓고 대했으니, 어찌 저와 함께 활쏘기를 했을 리가 있겠습니까.

저는 언젠가 순흥군順興君의 종과 싸워 오른쪽 어깨가 부러졌는데, 지금까지 상처가 깊어 보통 사람 같지 않습니다. 제가 임해군과 천렵을 했기 때문에 죄를 다스린다면 죽어도 싸지만, 역적모의에 동참했느냐고까지 물으시니 제가 아뢸 바를 모르겠습니다. 저 넓은 하늘이 위에 있으니 이놈의 사정을 알 것입니다.

임해군 옥사를 살펴보면, 반역에 대한 증거도 부족했고 임해군 주변의 혐의자나 세력은 미미했다. 저런 인력과 네트워크, 준비를 가지고 반역을 일으킨다는 게 가능할까 싶다. 지도 역량은 말할 것도 없었다. 변변한 장수조차 없었다. 무엇보다 당시 임해군에 대한 신망을 찾을 수 없었다. 하여튼 반역 사건이라고 하기에도 민망했는데, 결국 이 일로 임해군은 이듬해에 죽임을 당하고 말았다.

다만 이러한 이언형의 진술을 보면 괴통의 말이 어떻게 앞서 《사기》에 수록되었는지 짐작이 가지 않을까 한다. 심문 문서에는 바로 저렇게 둘이 나눈 대화가 수록되게 마련이었다. 그건 현재의 경찰, 검찰 조서도 마찬가지다.

괴통의 진술을 《사기》에 수록한 사마천은 아버지 사마담司馬談에 이어 공무원, 그것도 역사 담당 최고위 공무원이었던 인물이다. 태사공太史公이라고 했을 때 클 태太, 역사 사史가 그런 의미이다. 이런 이유로 당연히 그 기록, 즉 심문 문서에 대한 접근 권한이 있었을 것이다. 조선의 사관이 그랬던 것처럼 말이다. 그렇다면 심문 기록을 기초로 사마천이 괴통의 말을 《사기》에 적었다고 보는 것이 실제에 가깝지 않을까? 사마천이 '전지적 작가 시점'에서 지어낸 상상이 아니라는 뜻이다.

이미 춘추 시대부터 국가의 공식 기록관리 체계가 마련되었던 전통의 연장에서 한나라도 사관 제도를 갖추고 있었다.* 제국 성립 이후 관청의 공문서 관리체계를 전제로 하지 않으면 설명되지 않는 기록이 《사기》에는 무수히 수록되어 있다. 사회질서와 조화를 위한 문화적 성과는 〈예서禮書〉와 〈악서樂書〉에, 법률과 역법은 〈율서律書〉와 〈역서曆書〉에, 천문과 우주의 관찰은 〈천관서天官書〉에, 황제와 천하의 예식은 〈봉선서封禪書〉에, 농업사회의 치수를 위한 정보는 〈하거서河渠書〉에, 재정과 지출의 균형은 〈평준서平準書〉 등에 실려 있는 것이다. 표表나 본기本紀의 기록도 물론이다.

역사서에 나오는 기사는 뭔가의 기록을 바탕으로 수록된다. 그

* 內藤虎次郎, 《支那史學史》, 東京: 弘文堂, 1949; 이종동李宗侗, 〈中國 古代의 史官制度〉, 민두기閔斗基 엮음, 《中國의 歷史認識》 上, 창작과비평사, 1985.

러므로 그 기록의 성격을 이해해야 의도치 않는 오해를 피할 수 있고, 사건의 맥락을 이해할 수 있다. 심문 기록이나 일기는 역사를 산 사람들이 생산한 기록으로, 곧 삶의 흔적이다. 앞에서 살펴본 바 있는 역사의 세 범주 중 1범주에 속한다.

이제 2범주를 살펴볼 것이다. 지금 우리는 기록archive(보존기록)을 다루고 있는데, 1범주의 생산 기록을 어떤 방식으로든 남겨서 역사를 전달하는 과정으로 넘어가려고 한다. 거듭 말하거니와 역사의 세 범주는 실제 인생사나 역사 탐구에서 선명하게 분리되지 않는다. 그러나 개념적으로 범주화하여 설명하는 편이 이해에 도움이 되리라 생각한다.

2범주는 아카이빙archiving이라 할 수도 있고, 도큐멘테이션documentation이라 할 수도 있는 '기록 남기기' 과정이다. 역사학이 인간의 자기인식 표현 영역이 되던 시기 2범주의 주요 활동은 사적史蹟의 답사, 구술의 채록, 기록의 정리라는 세 가지였다. 역사학의 태두라고 할 수 있는 두 역사가를 통해 그 면모를 살펴보기로 하겠다.

02 헤로도토스와 사마천

역사학에는 아버지가 둘이라는 말이 있다. 동아시아에서는 《사기》를 편찬한 중국 한나라의 사마천司馬遷(기원전 145~85 무렵)을, 지중해 지역에서는 《역사*Histories Apodexis*》를 쓴 소아시아 사람 헤로도토스 Herodotos(기원전 484~425 무렵)를 역사학의 아버지라고 한다. 2장에서는 이 두 역사가의 저서가 성립된 과정을 조사하여, 그들의 기록 활동을 알아보고 이 기록 활동을 통해 역사학의 기초를 검토하고자 한다.

헤로도토스의 《역사》에서 아이디어를 얻어 제작되었다는 영화 〈300〉에는 다음과 같은 대사가 나온다. 비중 있는 배역이 결정적인 장면에서 던진 발언이라 영화를 본 사람이라면 기억해낼 수 있는 대사가 아닐까 한다.*

* 잭 스나이더 감독, 〈300〉, 2006.

① 수백 세대가 지나 사람들이 이곳에 올 것이다. 아마 바다 멀리 학자들과 여행객들은 고대에 대해 알고자 하는 열망과 과거에 대한 호기심을 품고 올 것이다. 그들은 우리의 평야를 돌아보고 돌과 파편을 보고 우리의 조국이 있었다는 것을 증명할 것이다. 그들이 우리에게 무엇을 배우겠는가? 그들의 삽은 아름다운 궁전이나 사원을 발굴하지 못할 것이다. 그들의 곡괭이는 영원한 건축이나 예술 작품을 파내지 못할 것이다. 그렇다면 스파르타인들은 무엇을 남기겠는가? 대리석이나 청동으로 만든 조각품이 아니라 바로 이것, 오늘 우리가 이 자리에서 행하는 것을 남길 것이다.

② 스파르타의 역사마저 지워버릴 것이다. 그리스의 모든 문서를 불태워 없애버릴 것이다. 그리고 역사가의 눈을 뽑아버릴 것이다.

①은 스파르타의 왕 레오니다스가 페르시아 전쟁에 출정하기에 앞서 한 말이다. 이 연설은 페르시아의 크세르크세스 왕이 레오니다스 왕을 설득하다가 실패한 뒤 분에 못 이겨 했던 말인 ②와 선명히 대비된다. 크세르크세스 왕의 대사는 역사학도가 아니라도 반역사적·반문명적 발언이라고 느끼기에 족한 말이었다. 영화 〈300〉이 할리우드 영화의 문법을 충실히 따랐다는 점, 오리엔탈리즘에 젖은 시각을 갖고 있다는 점을 감안해도 두 발언은 편파적이다.

[그림 11] 헤로도토스
소아시아의 그리스 식민도시 할리카르나소스에서 태어난 역사가.
페르시아 전쟁사를 다룬《역사》를 썼고, '역사학의 아버지'라 불린다.

그런데 흥미롭게도 두 언명은 수백 세대가 지나서도 후대가 확인할 스파르타의 역사를 언급하거나(①), 그 역사를 담고 있는 그리스의 문서를 언급하고 있다는 점에서(②) 공통분모가 있다. 역사는 곧 기록이며, 그것은 곧 해당 사회가 이룬 문명 자체이거나 문명을 상징한다는 인식이 그것이다.

〈300〉은 페르시아-그리스 전쟁을 서술한 헤로도토스의 《역사》에 나오는 테르모필레(테르모필라이) 전투에 근거를 둔 영화였다. 물론 《역사》에는 〈300〉의 발언은 나오지 않는다. 《역사》 속의 테르모필레 전투는 영화가 묘사한 상황과 다르며, 크세르크세스 역시 〈300〉이 형상화한 것처럼 악마가 아니라 오히려 합리적인 판단력을 가진 인물이었다.

나는 소설이나 영화에서 역사를 호출하는 방식은 그 영역의 논리와 문법으로 판단할 이슈이지 역사학도가 간섭할 문제는 아니라고 본다. 엄밀히 말하면 역사의 허구적 소비는 역사의 허구성에 종속되는 주제이다. 역사의 허구성이라는 주제가 풀리면 역사의 허구적 소비라는 이슈는 역사학의 간섭에서 풀려나거나 고유 영역에서 알아서 할 선택적 이슈가 될 것이기 때문이다.

사마천의 《사기》, 헤로도토스의 《역사》의 편찬과 집필 과정을 살펴보면 사적史蹟의 답사, 구술의 채록, 기록의 정리라는 공통점을 확인할 수 있다.

답사Field Work는 실제로 어떤 사건이 일어났거나 일어나고 있는 곳에 직접 가서 보고 조사하는 것이다. 답사를 통해 구체적인

[그림 12] 테르모필레 전투
〈300〉은 페르시아-그리스 전쟁을 서술한
헤로도토스의 《역사》에 나오는 테르모필레 전투에 근거를 둔 영화였다.
그림은 신고전주의 화가 자크 루이 다비드Jacques-Louis David의
〈테르모필레의 레오니다스Leonidas at Thermopylae〉(1814).

현장을 체험하는데, 그 체험은 곧 해당 사건이 일어난 무대와 배경을 이해하는 데 핵심적인 지식이 된다. 이런 이유로 역사 탐구와 교육에서는 언제나 답사를 핵심 방법의 하나로 여긴다.

구술Oral testimony은 문자를 주된 기억 수단으로 사용하지 않던 시기나 집단의 기억 방식이다. 전쟁의 경험 등 문자-기록으로 남기기 어려운 상황에 대한 기억도 구술이 필요하다. 이렇게 기억된 구술사는 역사가들이 듣는 것과 역사가들이 말하거나 쓰는 것 둘 다를 의미할 수 있다. 역사가가 자료를 제공하는 구술자를 인터뷰하면서 만들어진다.*

기록archiving은 문자나 그림으로 적힌 공식 문서나 개인의 편지, 일기 가운데 증거 혹은 기억으로 후대에 남길 가치가 있는 경험을 얼려두는 방법이다. 이는 조선 시대 사관이 사초를 작성하듯이 스스로 기록을 남길 수도 있고, 다른 기관이나 인물의 기록을 정리, 보존하는 형식을 띨 수도 있다. 답사, 구술, 기록은 서로 겹쳐 수행할 수도 있고, 보완적이기도 하다.

역사 서술이나 편찬에 문학적 허구가 포함되는 듯이 말하는 논의를 어렵지 않게 발견한다. 이는 역사학은 사람의 경험을 자료로 한다는 상식에 반한다. 이하에서는 기록학 또는 '본래의 역사학'의 관점에서 이런 비상식을 비판하고, 다시 한번 역사학의 기

* 윤택림 편역, 《구술사, 기억으로 쓰는 역사》, 아르케, 2010, 7쪽.

초를 확인할 것이다.

《사기》의 편찬과 아카이빙

《사기》는 모두 130권, 52만 6,500자의 역사서이다.* 본기本紀 12편, 표表 10편, 서書 8편, 세가世家 30편, 열전列傳 70편이다. 사마천은 이 역사서를 종이가 아니라 죽간이라고 불리는 매체에 기록했다. 당시 어지간한 집 한 채에 가득 차고도 넘칠 정도의 부피였을 것이다. 사마천의 《사기》에 허구fiction가 있는지를 논하기 전에 먼저 이 방대한 사실을 어떻게 수집했는지 확인하는 것이 순서로 보인다. 사마천이 역사 자료를 얻은 방법은 앞서 살펴본 답사, 구술, 문서-기록을 통해서였다. 세 가지 행위는 각각 독립적인 사료 수집 행위이기도 하고, 답사를 통한 구술 채집, 문서를 통한 구술 검증 등과 같이 상호 보완하는 수집 행위이기도 하다. 편의상 세 범주에서 사마천의 활동을 확인해보겠다.

첫째, 답사이다. 한나라는 현재 중국의 티벳, 신장, 위구르, 만

* 중화서국中華書局에서 간행한 표점본(고문에 구두점을 찍은 판본) 《사기》는 55만 5,660자로, 저소손褚少孫 등이 보완하여 가필한 3만여 자가 더 수록되어 원본보다 많다. 참고로, 사서四書 중 가장 긴 《맹자》가 3만 4,000여 자(3만 4,685자) 정도이다.

[그림 13] 사마천
한나라 전성기인 한 무제 때 활동한 역사학자이다.
답사, 구술, 문서-기록을 통해 중국의 고대 왕조부터 한
무제 때까지의 방대한 역사를 기록한 《사기》를 저술했다.

주 지역을 제외한 영토를 확보했지만, 그것만으로도 당시 동아시아에서 가장 넓은 통일제국을 이루고 있었다. 조선이나 일본보다 훨씬 넓으므로, 사마천의 답사는 스케일이 큰 공간 감각을 가지고 살펴야 한다. 먼저 항우와 유방이 진秦나라 수도인 서안西安, 즉 함양咸陽으로 진격한 사건에 대한 사마천의 기록을 참고해보자.*

항우와 유방은 명목상 초나라의 군주였던 회왕懷王으로부터 관중關中, 즉 함양을 먼저 차지한 자가 왕이 된다는 약속을 받는다. 유방은 팽성彭城에서 군사를 일으켰는데, 후일 송나라 수도인 개봉開封→낙양洛陽→남양南陽→남전藍田을 거쳐 항우보다 함양으로 먼저 들어갔다. 한편 항우는 황하를 건너 거록鉅鹿에서 장한張瀚이 거느린 진나라 군대와 대전투를 벌인 뒤, 함곡관函谷關과 홍문鴻門을 거쳐 뒤늦게 함양으로 들어갔다. 이들이 서진한 거리는 대략 2,000~2,500킬로미터로 추정된다.

이런 거리 감각을 염두에 두고 사마천의 답사 행로를 간단히 추적해보겠다. 연구에 따라 사마천의 여행을 3차로 보기도 하고, 7차로 보기도 한다.** 이는 사마천이 아버지 상을 당했던 기간을 나누어 보는지, 지역에 따른 답사 여정을 차수에 고려할 것인지에

* 진나라의 수도는 서안이고, 함양은 서안 동쪽인데 서안과 병칭되기도 하고 분리되기도 했다. 당나라 때는 서안을 장안으로 바꾸어 수도로 삼았다.

** 후지타 가쓰히사藤田勝久, 《司馬遷の旅: 《史記》の古跡をたどる》, 주혜란 옮김, 《사마천의 여행》, 이른아침, 2004.

따른 차이이다. 이 책에서는 간략히 3차 답사로 요약하겠다.

① 1차 답사

학계에서는 1차 답사를 사마천이 20세 무렵일 때로 보는 듯하다. 그는 현재 호남湖南, 호북湖北에 걸친 장강 주변, 강소江蘇와 절강浙江 지역인 강남江南과 강회江淮, 그리고 제나라와 노나라 산동 지역을 답사했다. 지역은 다음 몇 군데로 정리할 수 있다.

- 남쪽으로 강江, 회淮를 다님: 장강과 회수를 말한다.
- 구억산에 올라 순 임금의 행적을 살펴봄: 순의 무덤이 있다고 함.
- 회계산에 올라보고 우혈禹穴을 탐방함: 우의 무덤임.
- 북쪽으로 문수汶水와 사수泗水를 건너 제나라와 노나라 지역에서 공자의 유풍을 공부함.
- 굴원屈原이 강물에 몸을 던진 원수沅水와 상수湘水도 다녀봄.
- 양梁, 즉 위魏나라 지역과 초나라 지역을 지나 장안으로 돌아옴.

이렇게 가는 곳마다 사마천은 역사 편찬을 위한 사료를 수집하고 있었다. 예를 들어 회음淮陰에서는 〈하거서河渠書〉, 〈춘신군열전春申君列傳〉의 사료를, 설현薛縣에서는 〈맹상군열전孟嘗君列傳〉의 사료를 채집했다.

② 2차 답사

사마천은 35세 때인 기원전 111년, 한 무제의 명을 받아 파촉巴蜀 이남, 즉 서남 지방의 문물을 관찰하는 기회를 얻었다. 이 경험은《사기》중에서도 특히 경제 활동을 다룬〈화식열전貨殖列傳〉집필에 도움이 되었다고 한다.

• 장안→한중漢中(섬서성 남쪽)→파군巴郡(사천성 중경시)→건위군(사천성 선빈현)→장가군(귀주성 황평현)→촉군蜀郡(사천성 성도시)→영관도零關道(사천성 노산현)→손수孫水(안녕하安寧河)→ 월수군(사천성 서창현)→심려군(사천성 한원현)→장안

③ 3차 답사

2차 답사 한 해 뒤 사마천은 다시 답사를 떠났다. 이번에는 봉선대제封禪大祭를 위해 한 무제를 수행하여 태산으로 갔다. 도중에 아버지 사마담이 위독하다는 전갈을 듣고 낙양으로 돌아와 상을 치렀다. 그리고 다시 산동으로 가 봉선에 참관했다. 이후 하북, 산서, 내몽고 등 북쪽 변방 지역을 답사했다.

낙양→산동→봉래산→태산(봉선대제)→갈석산(하북성 경계)→요서군(하북성 노룡현)→구원군九原郡(내몽고)→감천

이상 세 번에 걸친 사마천의 답사를 가쓰히사는 [그림 14]와 같

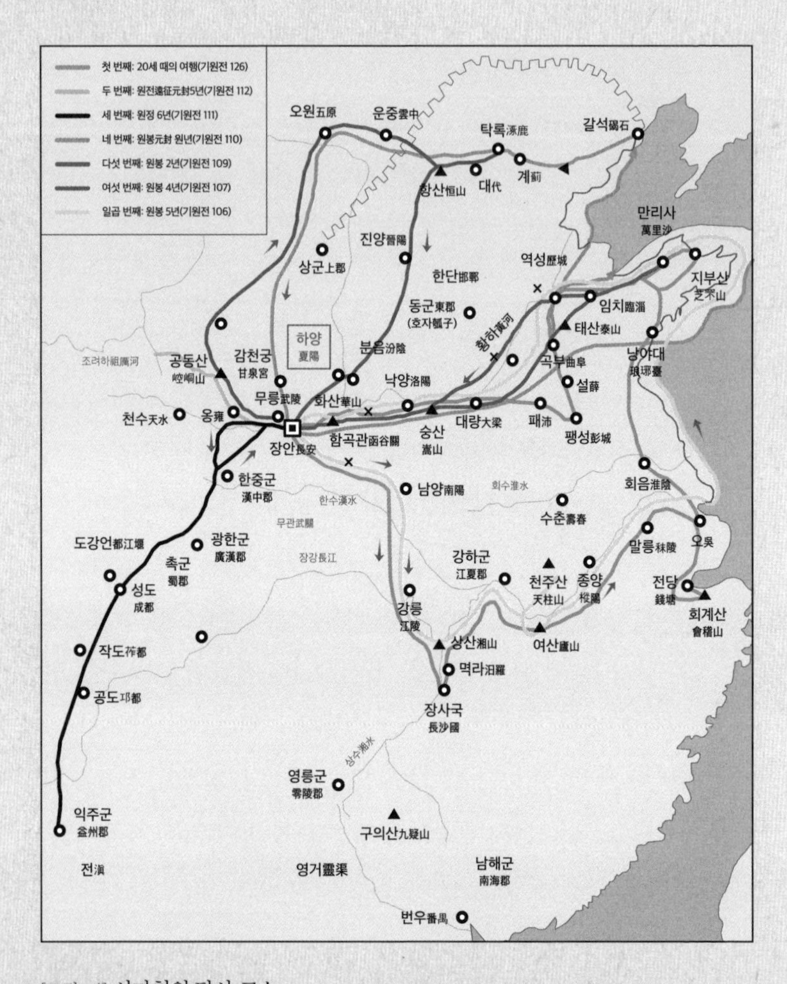

[그림 14] 사마천의 답사 코스

후지타 가쓰히사는 사마천이 7차례에 걸쳐 답사를 한 것으로 보았는데, 나는 1차 답사는 후지타와 같고, 후지타의 2~3차 답사를 2차 답사, 4~7차 답사를 3차 답사로 정리했다.

이 정리했다.

구술, 전해오는 이야기의 채집

지나간 사건을 경험한 사람이나 증인들의 말을 통해 사료를 수집하는 것을 구술이라 하고, 그 구술을 비판적으로 검토하여 역사를 탐구, 서술하는 방법을 구술사라고 한다.* 문자를 사용하기 전에도 사람들은 입에서 입으로 자신들의 경험을 후대에 전달했기 때문에 구술은 '역사의 역사'와 궤를 같이한다.

말을 사료로 수집하는 전통은 "왼쪽 사관은 사실을 기록하고, 오른쪽 사관은 말을 기록한다[左史記事 右史記言]"라는 말에서도 확인된다. 이런 관점에서 《춘추》는 사실이나 행동을 주로 기록한 역사서로, 《서경》은 주로 말을 기록한 역사서로 이해하는 것이다.**

사마천의 답사와 구술 채록은 밀접히 연결되어 있었다. 앞의 1차 답사에서도 구술 기록의 채집이 다수 발견된다. 사마천은 굴원

* 윤택림 편역, 《구술사, 기억으로 쓰는 역사》, 아르케, 2010; 김귀옥, 《구술사 연구》, 한울, 2014.

** 《한서》〈예문지藝文志〉의 서술이다. 또한 《예기》〈옥조玉藻〉에는 "거동하면 좌사가 따르며 기록하고, 말을 하면 곧 우사가 이를 기록한다[動則左史書之 言則右史書之]"라고도 했다. 왼쪽, 오른쪽이 중요한 것이 아니라, 역사는 사람들이 하는 말과 행동한 사실을 남기는 것이라는 의미로 보면 될 것이다.

을 잘 알고 있는 강호의 한 노인을 만나 그에 대한 이야기를 들었다고 했다. 전국 시대 초나라 사람이었던 굴원은 초나라 회왕을 섬기면서 간언을 자주 올려 두터운 신임을 받았다. 그러나 회왕이 죽은 뒤 대부인 자초子椒와 회왕의 동생이자 영윤인 사마자란司馬子蘭의 시기를 받았다. 결국 조정에서 쫓겨나 귀양살이를 하던 중 장사長沙의 멱라수汨羅水에 투신하여 죽었다. 사마천에게 굴원에 대한 이야기를 해준 사람은 바로 굴원 동료의 손자였다. 이 구술이 〈굴원가생열전屈原賈生列傳〉의 기초 자료가 되었다.

사마천이 옛 한韓나라 지역에서 어떤 주점에 들렀다. 주점 주인은 한나라 왕족이었으나 저잣거리에서 불량배들의 가랑이 사이를 기어가기도 했다가 유방의 장군이 된 한신의 주방장을 지낸 사람의 아들이었다고 한다. 여기서 들었던 이야기가 〈회음후열전〉의 자료가 되었음은 어렵지 않게 짐작할 수 있다.

사마천은 주요 인물들의 옛집을 방문하여 많은 일화를 듣기도 했다. 〈번역등관열전樊酈縢灌列傳〉이 대표적이다. 진나라를 멸망시킨 뒤 항우가 유방을 죽이려고 마련한 홍문연鴻門宴에서 유방의 목숨을 지켰던 번쾌는 유방과 같은 패현沛縣 사람이었다. 그가 개 잡는 일을 생업으로 살았다고 사마천은 기록했는데, 이는 패현 지역에서 채록한 구술에 근거한 것으로 보인다.

같은 열전에는 하후영과 유방의 일화도 수록되어 있다. 유방이 장난을 치다가 하후영에게 부상을 입혔는데, 하후영은 정장亭長이었던 유방이 중벌을 받을까봐 자신이 상처를 입은 일이 없다고

• [그림 15] 굴원 •• [그림 16] 번쾌

사마천은 답사와 구술 채록을 통해 사료를 수집했다.
전국 시대 초나라 사람이었던 굴원 동료의 손자가 들려준 굴원 관련 이야기는
〈굴원가생열전〉의 기초 자료가 되었다. 또한 패현 지역에서 채록한 구술은
진나라를 멸망시킨 뒤 항우가 유방을 죽이려고 마련한 홍문연에서
유방의 목숨을 지켰던 번쾌가 등장하는 〈번역등관열전〉의 토대가 되었다.

증언했다는 것이다. 나중에 이 사건에 대한 재심이 열렸고, 하후영은 위증죄로 옥살이를 하게 되었는데도 진술을 번복하지 않았다. 이 대목도 구술 채집일 가능성이 크다. 이는 이 열전 끝에 사마천이 남긴 사평史評으로 증명된다.

> 내가 풍현과 패현으로 가서 진나라 때부터 살았던 그곳 노인을 찾아 소하, 조참曹參, 번쾌, 등공滕公의 옛날 집과 그들의 평소 사람됨을 수소문했는데, 세상에 전해지는 것과 달랐다. 그들이 칼을 휘둘러 개를 잡고 비단장사나 할 때, 어찌 파리가 천리마의 꼬리에 붙어 천 리를 가듯이 한 고조를 만나 조정에 이름을 날리고 자손 대대로 그 은덕을 남길 것이라고 생각했겠는가. 내가 번쾌의 후손 번타광樊他廣과 친했기 때문에 한 고조와 공신들의 그 당시 얘기를 자세히 들을 수 있었다.

문서, 기록의 일반 형태

짐승의 뼈나 돌, 식물의 잎, 종이 등에 기록을 남기는 방식으로 자신의 경험과 관찰을 붙잡아두는 형식은 역사-인간이 보여주는 가장 일반적인 형식의 기억 방법일 것이다.* 국가가 등장한 뒤로

* 오항녕, 《기록한다는 것》, 너머학교, 2010.

기록은 인구와 세금의 파악을 위한 공무의 핵심이 되었다. 국가는 늘 등록하고 측정하는 기술을 가지고 있어야 했다. 노동, 곡물, 토지, 배급의 단위를 관리해야 했다.* 사관은 그 공무의 소산인 기록을 남기거나 정리하는 존재였다.

진나라를 놓고 항우와 유방이 각축을 벌일 때, 유방이 항우보다 진나라 수도 함양에 먼저 도착했음은 앞서 살펴본 바 있다. 당시 유방의 참모였고 나중에 한나라 재상이 된 소하는 함양의 승상부에서 지도와 전적을 먼저 확보했다.** 그는 제국 역시 기록으로 작동한다는 것을 알고 있었던 셈이다. 한나라 성립의 기초 중 하나는 소하가 챙긴 지도와 전적이라고 해도 과언은 아닐 것이다. 그리고 사마천은 이 자료를 《사기》 편찬에 활용했을 것이다.

《역사*Histories*》와 아카이빙

한나라라는 제국의 공무원인 사관이었던 사마천과 달리 헤로도토스는 세상에 벌어지는 사건과 사람들의 이야기에 관심이 많던 지식인이었다. 그가 편찬한 《역사》는 모두 9권으로 구성된 지중

* 제임스 스콧James C. Scott, *Against the Grain*(Connecticut: Yale University Press, 2017), 전경훈 옮김, 《농경의 배신》, 책과함께, 2019, 188~198쪽.

** 사마천, 《사기》 권53, 〈소상국세가蕭相國世家〉.

해 지역의 세계사이다. 종종 《역사》를 '페르시아 전쟁사'로 축소해서 보는 경우도 있는데, 합당하지 않은 듯하다.

헤로도토스의 《역사》는 투키디데스Thucydides의 《펠로폰네소스 전쟁사》에 비해 역사학적 증거력이 약하다는 의심을 받기도 했다. 《역사》에 신화나 전설 같은 이야기를 수록했기 때문이다. 그러나 《역사》는 직접 보고 듣고 문서 등의 자료를 보고 서술했다는 점에서 역사학의 기초에 충실했던 역사서이다.*

> 이 글은 할리카르나소스Halikarnassos 출신 헤로도토스가 제출하는 탐사 보고서이다. 그 목적은 인간들의 행적들이 시간이 지나면서 망각되고, 헬라스인들과 비헬라스인들의 위대하고도 놀라운 업적들이 사라지는 것을 막고, 무엇보다도 헬라스인들과 비헬라스인들이 서로 전쟁을 하게 된 원인을 밝히는 데 있다.**

헤로도토스가 한 말을 요약하면 탐구와 기억이라고 할 수 있을 것이다. 탐구는 역사의 연구와 교육의 주요한 방법이다. 헤로도토스는 탐구를 위해 문제(주제)의 확인과 정의定義→자료의 수집

* 김봉철, 〈헤로도토스의 《역사》의 사료 비판 사례〉, 《서양 고전학 연구》 9, 1995; 김경현, 〈헤로도토스를 위한 변명〉, 《서양 고전학 연구》 24, 2005.

** 헤로도토스, 천병희 옮김, 《역사*Histories Apodexi*》, 도서출판 숲, 2009, 24쪽.

→사실 검증의 단계를 밟았다.

《역사》 1~4권은 지중해 각 지역의 흥망성쇠와 풍속, 5권은 아테네의 흥성과 페르시아 왕 다레이오스(다리우스)의 살라미스 원정, 6권은 스파르타의 상황과 마라톤 전투, 7권은 크세르크세스 왕의 원정과 테르모필라이 전투, 8권은 아르테미시온 해전, 아테네 점령, 살라미스 해전, 9권은 플라타이아이 전투, 미칼레 전투가 서술되어 있다. 헤로도토스의《역사》 역시 흥미롭게도 사마천의《사기》처럼 답사, 구술, 기록이라는 역사 탐구의 세 가지 주요 방법을 통해 집필되었음을 어렵지 않게 알 수 있다.

헤로도토스의 답사

헤로도토스는 기원전 444년경 10여 년에 걸쳐 수차례 여행을 다닌 것으로 알려져 있다. 그는 지금 튀르키예의 보드룸Bodrum시, 즉 소아시아 서남부 카리아Karia 지방의 할리카르나소스에서 태어났다.

그는 고향에서 정변에 휘말려 망명했다가 아테네에 오랜 시간 체류한 것으로 알려져 있다. 거기서 페리클레스, 소포클레스 등과 교류했다고 한다. 페리클레스 치하에서 아테네가 전성기를 구가하고 있었으므로 그 영향을 받았을 것이다. 또 아테네가 중심이 되어 계획한 남이탈리아 투리오이Thourioi 식민지 건설에 참여했으며, 거기서 생을 마감했다고도 한다.

지중해 지역에 살면서 헤로도토스는 다른 문화, 낯선 사람들을 만나러 오지로 여행을 갔고, 그 경험을 상세히 기록으로 남겼다. 동쪽으로는 바빌론과 수사, 서쪽으로는 리비아의 키레네, 바르케, 남쪽으로는 나일 상류의 시에네(현재 이집트 아스완댐), 북쪽으로는 흑해 북안의 그리스 식민도시인 오르비아를 중심으로 크리미아반도, 우크라이나 남부 주변까지 답사했다. 이집트의 피라미드를 보면 피라미드 건설에 대한 정보를 얻어 "피라미드는 다음과 같은 방법으로 건조되었다"라는 식으로 해설해주었다. 그런 방식의 다음 서술을 보자.

① 리디아, 마네스의 아들 아티스가 왕위에 있을 때, 리디아 전역에 극심한 기근이 들었다. 기근이 그치지 않자 기분을 달랠 수단을 찾기 시작했다. 이때 주사위, 공기놀이, 공놀이 등 모든 종류의 유희가 고안되었다고 한다. 이들 놀이를 발명하여, 이틀에 하루는 밥 먹는 것을 잊도록 아침부터 저녁까지 놀이를 하고 다음 날은 놀이를 마치고 식사를 하는 것이었다. 이렇게 하면서 18년을 지났다고 한다(86쪽).

② 페르시아인은 우상을 비롯한 신전이나 계단을 짓는 풍습이 없고 오히려 그렇게 하는 자는 어리석게 여긴다. …… 페르시아인은 술을 매우 좋아하지만, 페르시아에서는 사람 앞에서 토하거나 방뇨하는 것을 허용하지 않는다. 이 일은 엄중히 지켜지고 있지만, 중요한 일은 술을 마시면서

상의하는 습관이 있다. 그 회의에서 모두 찬성한 것이라도, 회의장으로 제공된 집의 주인이 이튿날 술에서 깬 일동에게 전날의 결정사항을 재론하여 술 깬 상태에서도 찬성을 얻으면 채택되지만, 그렇지 않으면 폐기한다. …… 마찬가지로 내가 칭송하고 싶은 것은 국왕조차 단 한 번의 죄로 사람을 죽이는 일이 없다는 것, 또한 기타 일반 페르시아인들도 자기 하인에게 단 한 번의 과실로 치명적인 고통을 주는 일은 결코 없다는 것이다. …… 페르시아에서 가장 치욕적인 것은 거짓말을 하는 것이며, 그다음으로는 돈을 빌리는 것이다. 돈을 빌리는 것을 싫어하는 이유는 여러 가지가 있지만, 가장 큰 이유는 돈을 빌리게 되면 아무래도 거짓말을 하게 되기 때문이다(112쪽).

③ 이 나라 바빌론 사람들은 사람이 죽으면 벌꿀에 담가 매장한다(147쪽).

헤로도토스는 해당 지역의 지리, 풍습이나 민속, 정치 등을 상세히 설명했다. 그의 《역사》가 지리학, 인류학, 문학, 정치학 등에서 연구되어온 이유가 여기에 있다.* 동아시아에서 '사史'가 오늘날 정치학, 경제학, 지리학, 인류학이라고 부르는 분과학문을 포

* 정인철, 〈여행기와 지리서로서의 헤로도토스의 《역사》〉, 《문화역사지리》 67호, vol. 30, no. 2, 2018.

괄했던 것을 떠올린다면 이상할 것도 없는 일이다. 19세기 이래 본격화된 학문의 분화 이전, 사마천과 헤로도토스 시대에는 '변화하는 인문의 영역'이 모두 역사의 대상이 되었던 것이다.

특히 여행, 답사를 통한 헤로도토스의 관찰과 태도는 근대 유럽에서 전유했던 야만과 문명의 이분법과 거리가 멀었다. 고대 그리스인과 '미개인Barbar' 사이의 문화적 차별화는 그리스인의 특성이 아니었다. '미개인'은 단지 이해할 수 없는 언어를 쓰는 사람들을 지칭하는 용어일 뿐이었다. 즉 주절주절 알 수 없는 소리를 지껄이는 사람이라는 의미였던 것이다. 이소크라테스Isokrates(기원전 436~338)에 의해 헬레네인과 미개인의 대비가 문화와 야만의 대비로 넘어가기 전까지 그러했다.* 헤로도토스에게서 보이는 평온한 서술은 이런 분위기를 반영하는 시대의 산물로 판단된다.

이야기를 좋아하는 사람

헤로도토스는 이야기하기를 좋아하는 사람이었다. 아테네에서 많은 사람을 모아놓고 강연을 했고, 군중들은 그가 알려주는 세

* 외르크 피쉬, 안삼환 옮김, 《코젤렉의 개념사 사전 1—문명과 문화》, 푸른역사, 2007, 20~24쪽.

계의 지식에 열광했다고 한다. 이것이 거꾸로 헤로도토스의 《역사》에 지어낸 내용이 많을 것이라는 의심을 사는 이유가 되기도 했으나, 지금은 근거 없는 의심으로 받아들여지고 있다.

헤로도토스는 "나는 들은 대로 전할 의무는 있지만, 그것을 다 믿을 의무는 없다. 이 말은 이 책 전체에 적용된다"고 말한 바 있다(710쪽). 또 "나는 그것이 정당한지 아닌지 판단할 위치에 있지 않으며, 내가 할 수 있는 일이란 전해오는 이야기를 전하는 것뿐이다"라고도 했다(624쪽). 그는 답사를 갔던 현지에서 익명의 지역 주민이나 사제 집단에게 들은 바를 기록했는데, '이집트인들', '스키타이족', '카르타고인들' 하는 식으로 구전의 주인공들이 누구인지 알 수 있게 해놓았다. 헬라스인 등에게 들은 이야기를 인용하는 방식은 다음과 같다.

① 이상은 헬라스인들 가운데 라케다이몬인들만이 전하는 이야기고, 이번에는 다른 헬라스인들이 전하는 이야기를 기술하고자 한다(576쪽).

② 이상은 헬라스인이 전하는 계보이다(577쪽). 한편 페르시아인들이 전하는 이야기에 따르면……. "클레오메네스는 칼을 받아 들자마자 정강이부터 시작해 제 몸을 훼손하기 시작했다. 그는 정강이에서 허벅지로, 허벅지에서 엉덩이와 옆구리로 올라가며 세로로 제 살을 찢더니 그예 배를 째고 죽었다. 대부분의 헬라스인들에 따르면,……."(589쪽)

문서로 짐작되는 기록

《역사》에는 기록된 문서가 아니면 설명할 수 없는 서술들이 많다. 우선 헤로도토스는 아이스킬로스Aischylos의 《페르시아인들》 같은 문학작품이나 비명碑銘, 신탁 모음집 등을 이용했다. 그뿐 아니라 답사하는 곳의 역사 기록도 이용했다. 이집트의 역사 기록을 두고 "이집트인 중에서도 농경 지대에 사는 자들은 세계 그 어떤 민족보다 과거의 기록을 정성껏 잘 보존하고 있고, 내가 체험을 통해 알고 있는 어느 나라 주민보다 고사故事에 정통하다"라고 평했다. 그는 고대 서아시아나 이집트의 기록들을 해독할 능력이 있었던 것으로 보인다. 기억력이 좋은 사람들의 구전이나 구술로도 확보할 수 있지만 정보의 체계성으로 미루어 이미 누군가에 의해 작성된 기록을 확보하여 서술한 것으로 보이는 대목도 적지 않다.

> ① 마라톤 전투에서 페르시아 측은 약 6,400명이 전사하고, 아테나이 측은 192명만이 전사했다. 양측 전사자 수는 그러했다(613쪽).
>
> ② 아시아에서 온 함선들은 1,207척인데, 함선당 200명으로 계산하면 원래 각 부족들로부터 차출한 선원은 241,400명이다. 이들 함선들마다 토착민 선원들 외에 페르시아인들과 메디아인들과 사카이족 선원이 30명씩 타고 있었는데, 이들 추가 인원을 합하면 36,210명이 된다. …… 보병은

HERODO
TO ALICARNASEO HISTORI-
co delle guerre de Greci et de Persi, Tradotto di
Greco in lingua Italiana per il Conte Mat-
theo Maria Boiardo, non piu stampato,
Ma nuouamente uenuto in luce.

MD XXXIII

Dissimilium infida societas.

Cum gratia & priuilegio, ut ex decreto
Veneti Senatus apparet.

[그림 17] 헤로도토스의 《역사》
헤로도토스는 아이스킬로스의 《페르시아인들》 같은 문학작품이나
비명碑銘, 신탁 모음집, 답사하는 곳의 역사 기록 등을 토대로 《역사》를 저술했다.
그림은 프랑스의 인문주의자 앙리 에스티엔Henri Estienne이 편집한
그리스어판 《역사》(1570).

…… 낙타 기수들과 …… 해군과 육군을 둘 다 합치면 2,317,610명에 이른다(729쪽).

헤로도토스가 말한 이집트의 사례에서 보듯, 이런 기록이 남게 된 것을 봤을 때 공식 기록을 남기는 서기=사관=아키비스트의 존재 가능성을 배제할 수 없다. 이븐 할둔(1332~1406)의 《역사서설》에도 언급되었던 중동 지방 국가들의 전통일 것이다.* 이는 사마천을 언급할 때 말했던 사람들이 겪고 들은 사건과 말을 기록하는 기사記事와 기언記言의 보편성을 보여주는 사례가 아닐까 한다.

이븐 할둔은 《역사서설》에서 '문서청'의 존재를 설명했는데, "서기가 수행하는 직능들 가운데 하나는 칙서의 작성이다. 이것은 군주가 사람들을 접견할 때 서기가 그의 앞에 앉아 각종 청원에 대하여 군주가 내리는 결정을 가장 간결하고 문체상으로도 완벽한 방식으로 기록하는 것을 의미한다. 이러한 결정은 그 상태 그대로 공포되거나 문서로 필사되어 청원자의 손에 건네진다"라고 밝히고 있다. 《역사》에 나오는 아래의 서술이 어떻게 가능했는가에 대해서는 이븐 할둔의 설명에 그 답이 있다.

① (그리스 공격을 논의하는 과정에서) 아르타바노스가 자신

* 이븐 할둔, 김호동 옮김, 《역사서설》, 까치, 2003, 253~254쪽.

이 크세르크세스의 숙부라는 것을 믿고 다음과 같이 말하였다. "전하, 서로 상반된 의견들이 제시되지 않으면 그중 더 나은 의견을 고르지 못하고 이미 제시된 의견을 따르는 수밖에 없습니다."(638쪽)

② 관전하고 있던 크세르크세스에게 그녀의 함선이 다른 함선을 들이받는 것이 눈에 띄었는데 그의 측근 중 한 명이 다음과 같이 말했다고 한다. "전하, 아르테미시아가 선전하며 적선을 침몰시키는 것이 보이시나이까?" 과연 아르테미시아가 그렇게 했느냐고 그가 묻자, 그들은 그렇다고 대답했다(804쪽).

답사, 구술, 문서를 통해 사마천과 헤로도토스가 보여준 저장 기억의 실증성이 가진 힘은 곧 다른 사람도 그 증거를 통해 기억하거나 기억을 수정하고 스스로 실상을 판단할 수 있게 해준다. 증거를 통해 다른 견해를 제시할 수도 있고, 다른 견해에도 불구하고 서로의 견해를 이해하는 기반이 될 수도 있다.

사마천과 헤로도토스는 사실과 자신의 견해를 혼동하지 않았다. 관찰, 전해 들은 이야기, 자신들이 본 기록과, 자신의 견해를 선명하게 구분하여 제시했다. 그것은 '이에 대한 나의 견해는 다음과 같다', '태사공은 이렇게 생각한다[太史公曰]'로 시작되는 사론의 형식을 띠고 있다.

그런데도 여전히 역사서인 《사기》와 《역사》에 지어낸 허구가

섞여 있다고 생각하는 사람들이 적지 않은 듯하다. 다음 구분을 보자.*

사실(기록류, 서적 등)

창작(사마천의 여행 견문, 사람들의 구전)

중국 고대사 전문가인 후지타조차도 이렇듯 견문=답사와 구술을 아무렇지도 않게 '창작'으로 보고 있다. 후지타의 서술이 사마천의 《사기》에 대한 충실한 고증이라고는 해도, 이러한 인식은 역사 편찬이나 서술의 본령에 대한 심각한 오해를 초래한다. 이는 사마천의 편찬에 순서가 뒤바뀌거나 인물 설정에 오류가 있다는 지적과는 다른 사안이다. 또한 사마천이 고의든 실수든 잘못 기록한 부분이 있느냐는 문제와도 다른 사안이다. 이런 이유로 역사학에서는 사료 비판이 중요하다. 사실을 검증, 확증하기 위한 사료 비판이야말로 역사학이 '마음대로 지어내기'를 얼마나 멀리하는 학문인지 보여준다.

예를 들어보자. 고고학 발굴을 통해 사마천이 도달할 수 없었던 땅속의 자료로 역사를 다시 쓸 수 있다. 중국 산시성山西省 취촌曲村에서 도굴되었던 대형 묘역이 발견되었다. 취촌 Ⅲ구라는 곳인

* 후지타 가쓰히사, 주혜란 옮김, 《사마천의 여행》, 2004, 10쪽.

[그림 18] 진후 묘지 거마갱

사실을 검증, 확증하기 위한 사료 비판이야말로 역사학이 '마음대로 지어내기'를
얼마나 멀리하는 학문인지 보여준다. 이는 사마천의 《사기》도 예외가 아니다.
중국 산시성 취촌에서 기원전 9~7세기 진晉나라 제후와 부인의 합장묘 9기가 발견되었다.
진후晉侯 묘지라고 부르는 이 대형 묘역에서 출토된 청동기 명문에 6~10명 정도의
진 제후 이름이 나오는데, 한두 제후의 시호만 사마천의 《사기》와 일치했다.
이런 이유로 《사기》에 등장하는 진 제후 이름은 신뢰하기 어려울 가능성이 높다.

데, 베이자오北趙 지역의 진후晉侯 묘지라고 부른다. 여기서 발견된 합장묘 9기는 기원전 9~7세기 때 진晉나라 제후와 부인의 묘였다. 묘에는 신하나 희생의 배장묘와 거마갱車馬坑이 딸려 있었다.*

문제는 이 취촌 Ⅲ구에서 출토된 청동기 명문에 6~10명 정도의 진 제후 이름이 나오는데, 한두 제후의 시호만 사마천의 《사기》**와 일치할 뿐이었다는 점이다. 《사기》의 업적에도 불구하고 이 대목은 신뢰하기 어려울 가능성이 큰 것이다.

나아가 신화나 전설을 기록으로 남겼다고 해서 허구로 지어냈다고 혐의를 둘 수는 없다. 사람들이 어떤 신화나 전설을 공유하는 것은 그들의 심성과 전통을 이해하는 데 중요한 단서가 된다. 즉 신화와 전설은 역사가 아니지만, 어떤 사람들이나 집단이 그런 신화와 전설을 공유·전승하고 있다는 사실은 역사이며 역사 연구의 대상이 되는 것이다.

역사는 지어내지 않는다

공자가 말하기를 "나는 전해오는 것을 기록하되 새로 창작하지는

* 로타 본 팔켄하우젠, 심재훈 옮김, 《고고학 증거로 본 공자 시대 중국 사회》, 세창출판사, 2011, 134~143쪽.

** 司馬遷, 《史記》 卷14, 〈十二諸侯年表〉; 권37, 〈晉世家〉.

않았다[述而不作]"라고 했다. 중국 송나라 형병邢昺은 이 말이 공자가 저술에 대한 겸손을 나타낸 것이라고 보았다.* 일본 고학古學의 오규 소라이荻生徂徠는 공자가 왕이 아니었기 때문에 현실적인 자기 상황을 표현한 것이라고 했다.** 그런데 '술이부작述而不作'이라는 말은 목적어도 없고 술述과 작作의 의미도 분명치 않다. 더구나 역사-상황 맥락에 대한 언급도 없다. 최근에야 '술이부작'의 역사 맥락과 사상사적 의의에 대해 주목할 만한 논의가 이루어지고 있다.***

그렇지만 과거 동아시아 학계에서는 공자 시대의 역사 맥락과 무관하게 '사실대로의 역사 서술'을 뜻하는 관용어로도 사용되었다. 사마천 자신이 그렇게 말했거니와,**** 조선에서도 '사실대로의 역사 서술'이라는 의미로 쓰였다.***** 이는 공자가 "내가

* 《논어집주論語集註》, 〈술이述而〉.

** 김용옥, 《논어 한글역주》 2, 통나무, 2008, 528~532쪽. 오규 소라이와는 달리, 김용옥은 공자의 '술이부작'을 겸사로 인정하더라도, 술述에는 작作이 포함되었다고 보았다.

*** 로타 본 팔켄하우젠, 《고고학 증거로 본 공자 시대 중국 사회》, 2011, 33~34쪽; 김영민, 《중국정치사상사》, 사회평론아카데미, 2021, 120~132쪽.

**** 사마천, 《사기》 권130, 〈태사공자서太史公自序〉, "나는 이른바 고사를 기록하여 대대로 전해오는 사실을 간추려 정리할 뿐이며 이른바 지어내는 것이 아닙니다[余所謂述故事整齊其世傳, 非所謂作也]."

***** 서거정徐居正, 《사가집四佳集》 권5, 〈역대연표서歷代年表序〉, "우리 동방은 삼국 이전에 대해서는 여러 역사책에서 골고루 채택하되 간략하게 적었다. 삼

[그림 19] 공자
공자의 '술이부작述而不作',
즉 "나는 전해오는 것을 기록하되 새로 창작하지는 않았다"라는 말은 목적어도 없고
술述과 작作의 의미도 분명치 않다. 더구나 역사-상황 맥락에 대한 언급도 없다.
그럼에도 과거 동아시아 학계에서는 '사실대로의 역사 서술'을 뜻하는
역사학의 원칙으로 사용되었다.

그래도 사관들이 분명치 않은 부분은 빼놓고 기록하지 않은 원칙을 본 적이 있는데 …… 지금은 이것도 없어졌구나[吾猶及史之闕文也 …… 今亡矣夫]”[*]라고 한 말과 짝을 이루기 때문에 더욱 쉽게 역사학의 원칙이 되었는지 모른다.

다시 헤로도토스의《역사》로 돌아가보자. 영화〈300〉에 스파르타의 왕 레오니다스가 “여긴 스파르타야!”라고 외치며, ‘스파르타의 물과 흙’을 요구하던 페르시아 사신을 발로 차서 우물에 밀어 넣는 장면이 있다. 이렇게 할리우드에서 ‘허구로 소비한 역사’는 실제 역사—현실에서는 일어나지 않은 일이었다. 헤로도토스의《역사》에도 나오지 않음은 물론이다. 다리우스 때 그런 일이 있었던 모양인데, 헤로도토스는 크세르크세스가 전령을 보내지 않았다며 다음과 같이 기록했다.

> 크세르크세스는 아테네와 스파르타에는 흙을 요구할 전령을 보내지 않았다. 그 이유는 전에 다레이오스(다리우스)가 같은 목적으로 전령들을 보냈을 때, 아테네인들은 전령들을 구덩이 속에, 스파르타인들은 우물 속에 던지며 거기서 왕에게 줄

국에 대해서는《삼국사》를, 고려에 대해서는《고려사》를 썼으니, 모두 기록만 한 것이고 지어내지는 않았다[吾東方三國以前, 則雜採諸史, 而略書之, 三國則用三國史, 高麗則用高麗史. 皆述而不作也].”

* 《논어》,〈위령공衛靈公〉.

흙과 물을 가져가라고 했던 것이다. 그래서 크세르크세스는 흙과 물을 요구할 전령들을 보내지 않았다(697쪽).

헤로도토스는 자신이 "들은 그대로 기록하는 일"에 종사한다고 말했다. 이 점은 사마천도 마찬가지였다. 헤로도토스는 어떤 사안에 대한 도덕적 판단조차 유보했다. 자신은 어떤 사건이 정당한지 아닌지 판단할 위치에 있지 않으며, 자신이 할 수 있는 일이란 전해오는 이야기를 전하는 것뿐임을 강조했다.

늑대의 전설에 대해 아이깁토스인들의 이 이야기가 믿기는 사람은 믿어도 되리라. 하지만 내가 이 책을 쓰며 고수하는 원칙은 여러 민족의 전승을 내가 들은 그대로 기록하는 일이다.

이러한 헤로도토스의 태도는 "백이와 숙제 같은 사람은 착한 사람이라고 할 수 있지 않을까? 그러나 그들은 이처럼 어진 덕망을 쌓고 행실을 깨끗하게 했어도 굶어죽었다"며 애석해하는 사마천의 사론과 결이 다른 듯 느껴질 수도 있다. 하지만 이는 사론에 나타난 정서의 문제일 뿐 역사가 지어내는 것이 아니라는 태도는 사마천과 헤로도토스가 같았다.

사마천의 《사기》가 보여준 드라마틱한 인간사와 절묘한 묘사 때문에 종종 《사기》의 문학성에 대해 칭송하기도 한다. 여기서 더 나아가 《사기》를 문학작품으로 이해하는 경우도 있다.

> 황상이 공신 이십여 명을 봉하였으나, 나머지 사람들은 밤낮으로 공을 다투었다. 황상이 낙양의 남궁에 있으면서 멀리서 여러 장수들이 종종 모래밭에 모여 앉아 이야기하는 것을 바라보고 묻기를 "이들은 무엇을 얘기하고 있는가?" 하니, 유후가 대답하기를 "폐하께서는 모르십니까? 이들은 모반을 꾀하고 있는 것입니다.*

위의 서술을 보면 정말 지어낸 듯 보인다. 유방이 한나라를 건국하여 황제가 된 뒤 참모였던 장량과 나눈 대화이다. 앞서 반역죄인 심문 기록인 추안과 국안 같은 기록이 있었을 것이라는 학습을 하지 않았다면 이 대목 역시 지어낸 것 아닌가 하는 의심을 갖기 십상이었을 것이다.

역사가 문학이었다면 사람들이 역사와 문학이라는 용어를 따로 쓰지 않았을 것이다. 하지만 훌륭한 역사는 문학성도 높다는 말은 가능하다. 위대한 역사가는 예술성·창조성을 통해 감동을 주기 때문이다. 걸출한 문학에 담긴 역사성은 또 어떠한가?**

* 사마천, 《사기》 권55, 〈유후세가留侯世家〉.

** 김윤식, 〈박완서, 《그 많던 싱아는 누가 다 먹었을까》 작품 해설〉, 박완서, 《그 많던 싱아는 누가 다 먹었을까》, 웅진지식하우스, 2021; 〈헤겔의 시선으로 본 《혼불》〉, 《현대문학이론연구》 12권, 1999. 소설에는 '줄거리와 서사적 진행으로서의 역사성 및 성격이 지닌 갈등'이 있고, 적어도 헤겔에게는 '시민 사회의 논리와 윤리 감각의 중요한 표현 방식이 소설'이었다.

하지만 역사책을 읽으며 느끼는 감동의 창조성과 역사의 '창작'은 전혀 다른 문제이다. 다시 말해 다른 역사책이 주지 못했던 감동을 느꼈다는 사실이, 그 역사책에서 다룬 사실이 곧 '지어낸 창작물'이라는 말은 아니라는 것이다. 왜 이런 혼동이 생겼을까?

없는 사실을 지어내면 역사가 아니다. 거듭 강조하거니와 '기록하되 지어내지 않는다[述而不作]'는 공자의 말은 사마천과 헤로도토스에서도 드러나듯 동서고금을 막론하고 역사학의 오랜 원칙이다.

통상 문학을 두고 "사상이나 감정을 상상의 힘을 빌려 언어로 표현한 예술"이라고 말한다. 나는 언어로 된 인간의 자기표현 형식이 문학의 첫 번째 성격이고, 이 표현이 창조성을 띨 수도 있고 상상=꾸밈을 수반할 수도 있다고 생각한다. 이 둘을 혼동하면 안 된다. 문학=허구가 아니라, 문학=자기표현+허구라는 뜻으로 이해해야 할 것이다. 문학은 언어를 표현 매체로 하는 예술 및 그 작품이라는 게 사전의 공통된 정의 아닌가.

전통적으로 경經과 사史와 문文을 철학, 역사, 문학으로 부를 수 있다. 셋은 서로 다른 영역의 인간 활동이다. 그러나 셋은 겹치는 부분이 있다. 철학에도 철학사가 있고, 역사에도 역사관이 있으며, 소설과 시에도 역사와 철학이 있고, 또 역사와 철학을 시로 쓸 수도 있는 것이다. 이러한 겹치는 부분은 이들 학문이 '인문'이기 때문에 피할 수 없다. 그렇다 하더라도 역사가 '문학의 허구성'과 겹치지는 않는다.

역사를 남긴다는 것은 "이 행위, 인물, 사건은 인간 기억 속에 살아남을 만한 가치가 있다"는 데서 출발할 것이다. 헤로도토스의 말을 빌리면 "시간이 뛰어난 공훈들을 망각 속으로 데려가지 못하도록, 또 그리스인의 것이건 야만인의 것이건 간에 빛나는 공적들이 어느 날 명성도 없이 사라지지 않도록" 하는 일이다. 사마천은 "시골에 묻혀 사는 사람이 덕행을 닦아 명성을 세우고자 하더라도 덕행과 지위가 높은 학자에 기대지 못한다면 어떻게 후세에 이름을 남길 수 있겠는가"라며 자신이 이름을 남기게 해줄 역사가임을 자임했다.

《사기》와《역사》는 답사와 구술, 기록을 통해 실제 있었던 인간의 경험을 남긴 역사서이다. 그들은 직서直書라고 표현하든, '들은 대로'라고 표현하든, 그들의 저서에서 진실성을 확보하기 위해 분투했다. 이 분투가《사기》와《역사》가 지닌 가치의 기초가 되었다.

두 역사서는 인간에 대한 이해를 확장시켜준다. 원래 인간은 서로 다른 것이다. 특정한 시공간에서 "민족들은 서로 다르다." "이집트에서 여자들은 서서 오줌을 누고 남자들은 쭈그리고 앉아서 오줌을 누는" 것처럼 풍속과 전통이 다른 것이다. 다름을 인정하여 서로 이해하게 되는 것, 이것이 역사를 배우는 목적 아닐까?

《사기》와《역사》를 통해 가치-연관-학문 이전에 자연스러운 행위의 결과이자 그 결과에 대한 본능적 보존, 호기심에 의한 탐구를 발견한다. 즉 호모-히스토리쿠스Homo-Historicus, 호모-아르키부스Homo-Archivus의 자연적 발생을 목도한다. 그리고 다른 인간에 대한 이해의 확장을 경험하게 된다.

훗날 이븐 할둔은 서기의 자질에 대해, 서기 압둘 하미드가 동료 서기들에게 보낸 편지를 인용하여 다음과 같이 말했다.

> 어떤 기술자들보다 더 훌륭한 성품과 탁월한 덕성을 갖추어야 할 것입니다. …… 서기는 겸양과 정의와 공평을 사랑해야 합니다. 또 비밀을 지켜야만 하고, 어려운 상황에서도 충직해야 합니다. 장차 생길 재난을 미리 알 수 있어야 합니다. 사물들을 적절한 지점에 배치할 줄 알아야 하며, 불행도 담담히 받아들일 줄 알아야 합니다. 서기는 갖가지 학문 분야를 공부해서 그것을 숙지하고 있어야 합니다. …… 타고난 재능, 훌륭한 교육, 남다른 경험을 통해서 …… 어떤 사무라도 올바르게 준비해야 하고, 적절하고 또 관행에 맞는 형식으로 갖추어 놓아야 합니다.*

이븐 할둔이 말한 '타고난 재능, 훌륭한 교육, 남다른 경험'은 중국 당나라 때 사관이었던 유지기劉知幾(661~721)가 《사통史通》에서 사관의 자질로 언급한 '재才, 학學, 식識'과 정확히 일치한다.

* 이븐 할둔, 《역사서설*al-Muqaddimah*》, 256쪽.

역사가가 되는 데는 세 가지 능력이 필요하다. 재능[才], 배움[學], 식견[識]이 그것인데, 이를 겸비한 사람이 드물기 때문에 역사가가 적다. 배움이 있어도 재능이 없는 경우는 마치 어리석은 상인이 금을 가지고도 재화를 늘리지 못하는 것과 같다. 재능이 있지만 배움이 없는 경우는 마치 실력 있는 장인이 나무 같은 재료와 도끼와 자귀 같은 연장이 없어 집을 짓지 못하는 것과 같다.*

유지기는 호기심과 연구, 그리고 식견을 강조했다. 고려 때 《삼국사기》를 편찬했던 김부식은 자신에게 이러한 세 가지 역사가의 재능이 없는 데도 편찬 책임을 맡았다고 자책했다.** 이 선배들의 당부나 각오가 근대 분과학문 체제로 편입된 사관(사마천)=서기(헤로도토스, 이븐 할둔)=아키비스트(21세기 기록인들)의 교육이 분과학문의 재생산 체제나 권력 속에서 기계적·관료적으로 작동하고 있지 않은지 돌아보는 거울이 될 수 있지 않을까 한다. 이런 문제의식을 가지고 기록학의 역사, 기초 개념과 방법론을 살펴보기로 하자.

* 《신당서新唐書》 권132, 〈유자현전劉子玄傳〉.

** 김부식, 〈삼국사기를 올리는 글[進三國史表]〉.

03
기록학의 기초와 원리

앞에서 역사학의 사료 가운데 기록학의 기록에 해당하는 부분이 어떤 것인지라는 점, 인간의 역사 행위를 세 범주로 보았을 때 기록학은 주로 1, 2범주에 해당한다는 점, 사마천과 헤로토도스의 사례에서 보듯이 역사학은 원래 1, 2범주의 기록을 기초로 성립했다는 점을 살펴보았다. 그럼 현대 기록학의 기초 개념 또는 원리를 알아보겠다.

현대 기록학은 서구에서 출발했다. 프랑스혁명 이전에 기록의 개념은 국가, 교회, 귀족 또는 상인 계급의 법적·계급적 특권을 부여하는 문서를 의미했다. 그러나 혁명은 기록을 지배계급의 특권이 아니라 시민 권리의 보루로 바꾸었다. 혁명 이후 첫째, 국립기록관이 생겼고, 둘째, 국가는 과거의 기록유산을 보호할 책임을 지고, 공공 문서가 법적·경제적 중요성만이 아니라 역사 가치

[그림 20] 전북 김제 지평선학교 도서관
프랑스혁명 이전에 국가, 교회, 귀족 또는 상인 계급의
법적·계급적 특권을 부여하는 문서를 의미했던 '기록'은 혁명 이후 지배계급의 특권이 아니라
시민 권리의 보루로 바뀌었다. 민주주의 사회로 전환하면서 기록은,
'문화유산의 전승자' 등과 같은 새로운 역사적 성격을 부여받았다.
문화기관 중 도서관은 책을, 기록관은 기록을 수집하고 보관하고 제공한다.

로 봐도 보존해야 한다고 인식하기 시작했다.*

기록은, 민주주의 사회로의 전환에 따라 새로운 시대의 역사적 성격을 부여받았다. 아울러 점차 문화유산의 전승자라는 점에서 기록관, 박물관, 도서관과 함께 병칭되었다. 이제 기록이 어떻게 실재하는지, 그리고 기록에 대한 기초적인 이론이나 연구 및 방법론에는 어떤 것이 있는지 간략히 살펴보기로 하겠다.

'기록'의 이해를 위해 책과 대비해서 살펴보자. 문화기관 중 도서관은 책을, 기록관은 기록을 수집하고 보관하고 제공한다. 책과 기록은 둘 다 인간의 기억이 붙어 있는 가장 유력한 매체이다. 책=도서와 문서=기록의 특징을 표로 정리하면 〈표 3〉과 같다.**

기록은 어울려 존재한다

헌터의 표를 인용한 것은 마침 그의 표가 앞으로 살펴볼 기록학의 내용과 성격을 이해하는 데 도움이 되기 때문이다. 〈표 3〉의 순서대로 하나씩 검토하여 기록학의 ABC를 살펴보자.

1)의 성격을 보자. 기록은 책과 네 가지 점에서 전혀 다른 성격

* Ernst Posner, *Archives and Public Interest*(Public Affairs Press, 1967), pp. 90~94.

** Gregory S. Hunter, *Developing and maintaining practical Archives*(Neal-Schuman, 1997). 이 책에 대한 간단한 소개는, 조호연, 〈서평〉, 《기록학연구》 4, 2001 참고.

〈표 3〉 책=도서와 문서=기록의 특징

<table>
<tr><th>범주</th><th>책</th><th>기록=문서</th></tr>
<tr><td rowspan="3">1) 성격</td><td>출판</td><td>출판되지 않음</td></tr>
<tr><td>개별 아이템의
독립적 의미</td><td>아이템 그룹의
연관된 의미</td></tr>
<tr><td>다른 도서관 등에서 이용 가능</td><td>유일성</td></tr>
<tr><td>2) 생산자</td><td>다수의 각기 다른
개인이나 기관</td><td>모태가 되는
기관이나 조직</td></tr>
<tr><td>3) 생산 방식</td><td>분리, 독립된 활동</td><td>유기적, 자연적
업무나 행위</td></tr>
<tr><td rowspan="2">4) 처리 방법</td><td>단일 아이템을 선별</td><td>집합적 평가</td></tr>
<tr><td>결정의 수정 번복 가능</td><td>결정 번복 불가능
(폐기는 불가역적)</td></tr>
<tr><td>5) 정리</td><td>미리 정해진 주제 분류</td><td>출처주의 원질서</td></tr>
<tr><td>6) 해제(기술)</td><td>개별 아이템</td><td>기록군이나 시리즈 집합</td></tr>
<tr><td rowspan="2">7) 해제(기술)
매체</td><td>인쇄 양식에 작성
(제목, 페이지, 목차, 색인)</td><td>아키비스트가 준비</td></tr>
<tr><td>카드 목록, 온라인 공공이용
시스템OPAC</td><td>편람, 인벤토리,
온라인 시스템</td></tr>
<tr><td rowspan="2">8) 이용</td><td>열린 서가</td><td>닫힌 서가</td></tr>
<tr><td>아이템이 판매 유통</td><td>아이템이 유통 판매 안 됨</td></tr>
</table>

을 보여준다. 첫째, 모든 책은 출판 과정을 거친다. 이 글은 편집, 교정을 거쳐 도서출판 푸른역사에서 《기록학, 역사학의 또 다른 영역》이라는 제목으로 1쇄 몇 부가 인쇄될 것이다. 필자의 책은 모두 그런 과정을 거쳤다. 비매품, 기관 발행의 책이라서 출판사를 거치지 않더라도 출판은 거친다.

반면 기록은 이 과정이 없다. 친구에게 보낸 편지나 문자, 일기장, 학생증, 나아가 국가 간 조약문서에 이르기까지, 이 문헌들은 출판되지 않는다. 안부를 묻거나 하루 생활을 기록하는 것으로 충분하다. 국가 간 조약이 성립하여 발효되는 것으로 충분하다. 물론 후일 자서전에 일기를 수록하거나 외교자료집을 발간하여 외교사 연구에 기여하도록 하는 건 전혀 다른 문제이다. 그때는 기록(문서)이 만들어졌던 목적과 다른 목적으로 활용되는 것이다.

① 수록된 문서 사진

② 대한민국임시의정원大韓民國臨時議政院 문서를 모아《韓國獨立運動史 資料 1》로 내어놓았다. 한국독립운동사는 이미 출판된 5권과 2024년에 간행 예정인 종합연표 1권으로 일단 매듭을 짓고 앞으로는 한국독립운동사 자료집으로 계속 간행할 계획이다.
이 책에 수록된 자료는 1919년 4월 중국 상해에서 대한민국임시정부 수립 이후 1945년 8월 광복까지 약 27년간 임시의정원에 보존되어 온 각종 문서로 당시의 의장 홍진洪震 선생이 환국할 때 보관해 가지고 온 것이다. 원래는 방대한 양이었던 것이나 해방 직후의 혼란과 6·25 전화戰禍로 태반이 손실되고 그 일부분만이 선생의 영손令孫인 석주錫柱 씨에 의해 보존되어 이제 겨우 햇볕을 보게

된 것이다.*

①은 ②의 《한국독립운동사 자료 1 임정편 Ⅰ》에 실린 문서이다. 상하이에 있던 대한민국임시정부의 활동을 위해 생산되었던 문서 ①은 이제 그때의 효용을 끝내고 역사 연구를 위한 증거 자료로 활용되기 위해 간행된 것이다. 이렇듯 언젠가 필요에 따라 문서=기록이 출간될 수는 있어도 그 목적은 당초 생산되었던 이유와 달라지는 것이다.

둘째, 책은 개별 아이템으로 생존하는 데 비해, 기록은 연관된 아이템 그룹으로 생존한다. 개별 아이템이란 책 하나하나가 별개의 작품이라는 말이다. 마르크스의 《자본》이 3책으로 되어 있거나 브로델의 《물질문명과 자본주의》가 6책으로 되어 있어도 그것은 결국 '하나의 책'으로 독립성을 갖는다. '해리 포터 시리즈'도 마찬가지이다. 《해리 포터와 죽음의 성물》과 《해리 포터와 비밀의 방》은 서로 다른 작품으로, 앞의 책이 없더라도 뒤의 책은 독자적인 의미를 갖는다.

한편 기록은 다른 아이템과 연관되어 의미를 갖는다. 전주대 역사학과의 전공과목인 역사학 개론 '기말고사 문제'라는 기록을 보자. 이 '문제지'는 문제지만으로 아예 의미가 없는 것은 아니지

* 국사편찬위원회, 《한국독립운동사 자료 1 임정편 Ⅰ》(한국학데이터베이스), 〈序文〉. 읽기 편하도록 필자가 한글 병용하거나 한자를 한글로 바꾸었다.

만, 무엇보다 학생들이 작성한 '답안지'가 있어야 맥락이 드러나고 온전한 의미를 획득한다. 더구나 이 수업의 기말고사는 다음과 같은 단계를 거친다. 괄호 안은 행위의 주체이다.

> ① 기말고사 날짜 투표(학생)→② 예비 문제 3문항 제출(학생)→③ 학생들이 제출한 예비 문제를 토대로 150퍼센트 정도의 후보 문제 선정(교수)→④ 수업시간에 후보 문제의 타당성 검토(학생·교수)→⑤ 100퍼센트의 기말고사 문제 선정 및 평가기준서 작성(교수)→⑥ 기말고사 시험→⑦ 답안지 제출과 함께 사진 촬영(학생)→⑧ 자신의 답안지에 대한 비평서 제출(학생)→⑨ 답안지와 비평서를 토대로 성적 평가(교수)→⑩ 전주대 웹정보시스템JUIS에 탑재(교수)→⑪ 성적 평가 이의 신청(학생)→⑫ 이의 신청 답변(교수)

막상 적고보니 '기말고사' 하나에도 여러 과정과 단계가 맞물려 있음을 발견했다. 무려 12단계나 있다니! 학생들에게 새삼 미안한 마음이 든다. 아무래도 프로세스를 개선해야겠다. 아무튼 현재는 이러니까 이 과정을 보며 기록의 성격을 음미해보자.

위의 과정 모두에서 기록이 만들어진다고 하면 '과연 그럴까' 싶을 것이다. 하지만 사실이다. ① 기말고사 날짜를 단톡방에서 투표로 결정한다. ② 예비 문제 3문항 제출은 파일로 한다. 한때 A4 용지에 받았으나, 학생들의 문제를 복사하기 편해서 내가 꾀를 부린 것이다. ③ 150퍼센트 정도의 후보 문제 선정은 내가 강의안에 정리한다. 학생들은 자기들이 내는 문제로 기말고사가 나오는 줄 알지만, 이 '정리' 과정에서 나는 얼마든지 문제를 꼬고 어렵게 만들 수 있다. 이제는 물론 학생들도 눈치채고 있다.

수업시간에 하는 ④ 후보 문제의 타당성 검토는 내가 학생 숫자대로 출력을 해서 나누어주고 하나씩 읽어가며 문제가 말이 되는지, 수업의 목표나 범위에 맞는지 생각한다. 이를 토대로 ⑤ 100퍼센트의 기말고사 문제를 확정하고, 그에 대한 나의 평가기준서를 작성한다. ⑥ 기말고사 시험 때 문제지를 학생들에게 나누어준다. ⑦ 답안지를 작성하면 제출하면서 사진으로 촬영해둔다. 사진으로 촬영해두었기 때문에 그것을 보고 ⑧ 자신의 답안지에 대한 비평서를 써서 기한 안에 제출한다. 나는 ⑨ 답안지와 비평서를 토대로 성적 평가한다. 그것을 ⑩ 전주대 웹정보시스템 JUIS에 탑재하면, 학생들이 확인하고 ⑪ 성적 평가에 대해 이의 신청을 하기도 한다. 나는 ⑫ 이의 신청이 있을 경우 답변할 의무가 있다.

이 모든 과정에서 기록이 만들어진다. ①, ⑩, ⑪, ⑫의 경우 카톡과 학교 전산시스템에서, ②, ③, ⑤, ⑦, ⑧, ⑨는 한글 또는 JPG 전자파일의 형태로, ④, ⑤, ⑥, ⑦에는 종이 매체의 기록이 산출된다. 사실 기말고사는 한 학기의 정리이므로 학기 초에 공지하는 강의계획서, 첨부되는 교재와 부교재와도 상관이 있다. 특히 중간 중간 나누어주는 복사물이나 참고자료(신문기사나 유튜브

영상), 심지어 깜짝 퀴즈나 조사과제까지 포함된다면 관련 기록의 범위는 더 늘어날 수밖에 없다. 이런 까닭에 기록은 다른 아이템과 연결망 속에서 의미를 갖는다고 한 것이다.

1775년 광산 김씨 입지立旨/ 안동 오천 광산 김씨 후조당: 1775년(영조 51) 광산 김씨가의 한 사람이 선산을 수호하기 위해 이 산지에 대한 권한을 증명해주는 문서를 발급해줄 것을 관에 청원하였다. 관에서는 그에 대한 확인의 답변을 청원서에 기록하여 내려주었다. 이는 선산에 몰래 장사를 지내고 무덤을 만드는 일이 벌어졌기 때문이다.

우리는 지금 1) 기록의 성격을 살펴보고 있는 중이었다. 이 중 셋째, 책은 다른 도서관 등에서도 이용할 수 있지만, 기록은 그렇지 않다. 기록의 유일성 때문이다. 예를 들어 필자의 《광해군, 그 위험한 거울》(2012)은 출간할 때 1쇄 2,000부를 인쇄했다. 그 뒤로 몇 쇄를 더 인쇄했으니 이 책은 전주대 도서관이나 고려대 도서관, 서울대 도서관에서 찾을 수 있음은 물론, 누군가의 집 책꽂이에서도 발견할 수 있을 것이다.

그렇지만 역사학 개론 수강 학생의 기말고사 시험답안을 기록관 이곳저곳에서 발견한다는 것은 상상하기 어렵다. 누구의 시험답안도 마찬가지이다. 주민등록증, 운전면허증이 그렇지 않은 것과 이치는 같다. 이것이 기록의 유일성이다. 잃어버리거나 훼손

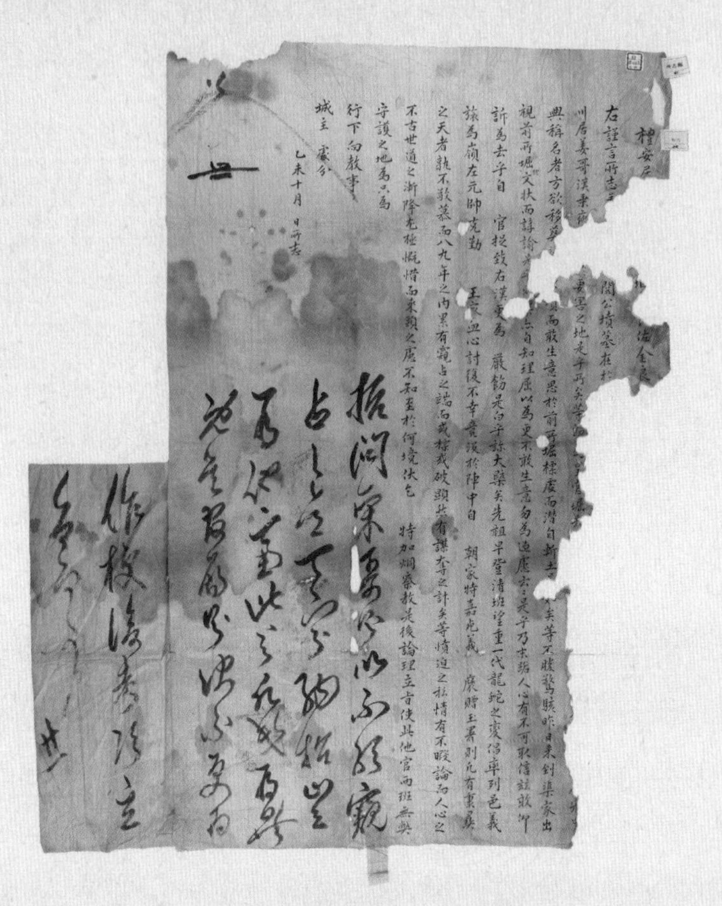

[그림 21] 〈1775년 광산 김씨 입지〉

기록의 경우 유일성을 갖는다. 잃어버리거나 훼손되면 다시 작성되고
그것은 또 다른 기록이 된다. 발행일과 유효기간이 다른 별개의 기록이다.
〈1775년 광산 김씨 입지〉는 1775년 광산 김씨가의 한 사람이 선산을 수호하기 위해
선산에 대한 권한을 증명해주는 문서를 발급해줄 것을 청원하자 관에서 내려준 답변서이다.
그러나 이 문서는 한 장이 아니었다. 같은 종이에 작성되었지만,
두 건件의 문서로 구성되어 있다. 별개의 기록이 존재하는 것이다.
* 소장처: 한국국학진흥원(광산김씨 예안파 후조당종택 기탁자료)

되면 다시 발급받아야 한다. 그리고 그것은 또 다른 기록이 된다. 발행일과 유효기간이 다른 별개의 기록이다.

누가 생산하는가

이렇게 보면 〈표 3〉의 2) 생산자, 3) 생산 방식은 어렵지 않게 이해할 수 있다. 책은 개인이나 단체가 학술, 연구 목적을 알리기 위해 출간한다. 반면 문서=기록은 생산의 모태가 되는 기관이나 조직이 생산한다. 언뜻 비슷하게 느껴지는 이 말 속에는 책이 분리·독립된 활동의 산물임에 비해, 기록은 유기적·자연적 업무나 행위의 소산이라는 차이가 숨어 있다.

책은 어떤 형태의 전문성을 가진 개인이나 기관이라는 주체에 의해 간행된다. 그리고 아이템 사이의 연관은 거의 없거나 적다. 내 책 《조선의 힘》(2010)은 2년 뒤에 나온 《사통》, 《광해군》 및 《실록이란 무엇인가》(2018)의 개관이 담겨 있기에 연관이 있기는 하지만, 시공간적으로 떨어져서 만들어졌다. 그러므로 출판사도 다를 수 있다.

기록은 이와 차이가 있다. 개인 문서를 보자. 군대에서 부모님께 편지를 쓰거나 친구에게 안부를 묻는 과정에서 '편지' 또는 '문자'가 산출된다. 참고로, 편지나 혼자 쓰는 일기는 보통 전통적으로는 수고手稿(manuscript)라고 부르기도 한다. 이런 개인의 산물 외의 기록은 기말고사 관련 기록에서 보았듯이, 학교나 관청, 협회 같은 집단의 행위나 조직의 업무를 통해서도 산출된다.

4) 처리(선별, 평가) 방법을 건너뛰고 5) 정리 부분을 먼저 살펴보자. 정리는 'arrangement'의 번역어이다. 그래서 '책을 서가에 배치한다'라고 하듯이 '배치'라는 말도 쓴다. 정리의 원리는 생산자, 생산 방식과 밀접히 연관되어 있다. 정리란 무엇보다도 널려져 있는 사물에 질서를 부여하는 과정이자 방법이다. 그래야 이용 가능한 체계가 되기 때문이다. 이 과정은 대상이 손상되지 않고 본래 모습을 유지하면서도 조사나 연구를 위해 접근할 수 있게 해주는 일이다.

도서관을 이용해본 사람은 쉽게 알 수 있지만 책은 한국 십진분류법의 주제에 따라 열 가지 유형으로 나누어져 있다. 한국 십진분류법KDC에 따르면 총류(000), 철학(100), 종교(200), 사회과학(300), 자연과학(400), 기술과학(500), 예술(600), 언어(700), 문학(800), 역사(900) 등이 그것이다. 이는 1876년 미국의 멜빌 듀이Melvil Dewey(1851~1931)가 개발한 듀이 십진분류DDC(Dewey Decimal Classification)에 기원을 둔다.

DDC의 경우, 000은 태초의 인간과 자연이 혼돈에서 출발한다는 의미에서 특정 학문이나 주제에 속하지 않는 분야를 모았다. 100은 혼돈에서 질서를 찾기 위한 이성의 노력을 담은 철학을, 200에서는 유한한 인간이 절대적인 신을 숭배한다는 뜻에서 종교를 의미한다고 한다. 이런 이유로 서양 기독교 베이스의 분

〈표 4〉 듀이 십진분류법과 한국 십진분류법

기호	듀이 십진분류법	한국 십진분류법
000	총류	총류
100	철학	철학
200	종교	종교
300	사회학	사회학
400	언어	자연과학
500	자연과학	기술과학
600	기술과학	예술
700	예술	언어
800	문학	문학
900	역사	역사

류라는 비판을 받았다고 하는데, 어떤 경우든 분류가 그리 녹록한 일은 아닐 것이다. 아무튼 이런 분류를 통해 도서관 서가에 정리된 책을 찾는 것이다.

이에 비해 기록은 출처주의出處主義(Provenance)와 원질서의 원칙 Principle of Original Order이 중요하다. 출처주의란 공공기록관, 수고 manuscript기록관으로 이관되기 전, 기록을 생산·축적·유지·활용한 조직이나 개인을 기준으로 분류하는 관점을 말한다. 이순신(1545~1598) 장군의 《난중일기》나 마르크스의 《자본*Das Kapital*》 초고는 각각 역사(900)나 사회과학(300)으로 분류되는 것이 아니라 이순신, 마르크스로 분류된다.

[그림 22] 전주대학교 도서관 개가실
한국 도서관에서 책은 한국 십진분류법KDC에 따라 총류(000), 철학(100), 종교(200), 사회과학(300), 자연과학(400), 기술과학(500), 예술(600), 언어(700), 문학(800), 역사(900) 등 열 가지 유형으로 나누어져 있다.

코로나가 한창일 때 질병관리청에서 매일 발표하던 코로나 감염자 통계나 행정안전부의 한글날 공휴일 지정에 대한 문서는 자연과학(400)이나 기술과학(500) 또는 언어(700)로 분류되는 것이 아니라 질병관리청, 행정안전부로 분류된다. 당연히 역사학 개론의 기말고사 시험지/답안지/피드백/성적은 역사로 분류되는 것이 아니라 전주대학교 역사문화콘텐츠학과로 분류되는 것이다.

최근 출처의 개념을 기록을 생산 또는 유지한 실제 기관이나 조직 자체가 아니라 조직이나 개인이 기록과 맺는 관계의 관점에서 정의하는 '기능 출처' 개념을 언급하기도 한다. 그러나 어떤 행위를 하는 개인은 말할 것도 없고 기관이나 조직도 기능을 조직에 반영하기 때문에 굳이 '기능 출처'라는 개념을 기록의 분류와 정리에 들여와야 하는지는 의문이다. 오히려 이는 조직이 기능을 제대로 반영하는 것이 중요하다는 점에서, 조직론 차원에서 다루어야 할 주제가 아닌가 한다.

아무튼 출처주의는 생산된 기록의 '원질서의 원칙'과 연결되어 있다. 원질서란 기록 생산자가 구축한 기록의 조직 방식과 순서를 말한다. 출처주의와 함께 원질서의 원칙은 '퐁fonds 존중'과 연관되어 있다. 퐁은 하나의 조직이나 가족, 개인이 생산, 수집한 전체 기록을 말한다. 곧 설명할 '기록군records group'과 유사하다. 원질서의 원칙은 기록을 보존할 때 그 기록을 만든 주체나 산출된 환경에 대한 추가적 맥락 정보를 챙기는 게 목적이다. 나아가 원질서의 원칙을 통해서 아키비스트는 기록에 대해 모종의 해석을 더하지 않고 중립적인 입장을 취할 수 있다.

이런 이유에서 미국 아키비스트협회Society of American Archivists에서 만든 용어 사전에서는 원질서를 기록의 기초와 원리로 설명하고 있다.* 동시에 '기록의 연관성과 증거로서의 중요성'을 보존하고 '생산자의 체계를 유지해서 기록의 이용을 촉진하는', 즉 기록에 대한 접근access을 가능하게 해주는 두 가지 목적이 바로 이 원질서를 통해 달성된다고 보고 있다.

말할 것도 없이 기록이 생산된 질서는 기록 생산자의 목적에 대해 중요한 정보를 제공한다. 연구자는 이를 통해 기록의 관련성, 생산자, 그리고 그 기록이 그동안 유지·이용·전달된 경위를 더 잘 알 수 있게 된다. 이를 통해 아키비스트는 물론 연구자도 해당 기록의 정리와 활용에 들어가는 노력과 시간을 절약할 수 있을 것이다.

다음은 처리 방법을 알아보자. 〈표 3〉의 4번이다. 선별selection 또는 평가appraisal라는 용어로 쓰이는데, 어떤 대상을 선택할까 또는 선택하지 않을까를 판단하는 과정이다.** 예컨대 책을 구입해

* SAA, Category: Basic Archival Science/Theory and Principles, https://dictionary.archivists.org/entry, 2022년 3월 9일 검색. "the organization and sequence of records established by the creator of the records".

** 기록학의 평가이론에 대해서는 오항녕 편역, 《기록학의 평가론》, 진리탐구, 2005; 김명훈, 〈전자기록 환경에서의 평가에 관한 연구〉, 《기록학연구》 11; 이승억·설문원, 〈디지털 정보기술 환경에서 보존기록 평가론의 전환〉, 《기록학연

서 서가에 비치할지, 이미 비치된 책을 반품할지 말지를 판단하는 일이라고 보면 된다. 전자문서digital records가 일반적인 요즘에는 평가 이론 역시 변화하고 있다.

도서는 단일 아이템을 선별한다. 개인이나 도서관에서 책을 살 때 누구의 어떤 책을 구입한다. 이에 비해 기록은 개별 아이템이 아니라 기록군이나 시리즈별로 보존이나 폐기 여부를 결정한다.

이 차이는 대상에 대한 해제에서도 나타난다. 기록학에서 해제는 기술記述(description)이라는 말을 많이 쓰는데, 대상에 대한 포괄적 정보를 제공하는 일이다. 기록학의 용어를 빌리면, 각각의 기록archive을 건件(item)이라 하고, '집합 기록'부터는 파일file 또는 철綴, 시리즈, 나아가 군群(group)이라고 부른다.

이를 기록학의 원론에 따라 정리하면 이러하다. 기록은 앞서 말한 바와 같이 기록 생산의 유기성 때문에 설사 생일은 다르더라도 같은 사안의 문서는 함께 관리되게 마련이다. 그리고 수집, 평가된 기록을 기록관에 보관할 때 그 활용을 좌우하는 관리 방법은 이러한 유기성이 반영된 정리Arrangement와 기술Description일 것이다. 거기에 시소러스thesaurus 등의 검색도구가 활용을 지원하는 모습을 갖추게 된다. 디지털 환경에서는 서가에 배치하는 방식, 즉 배가排架는 큰 문제가 되지 않을 뿐 아니라 원래 정리 자체는 정밀

구》67, 2022.

과학이 아니다.

그보다는 아카이브의 유기성을 우리가 이해하고 파악할 수 있게끔 관리하는 지적 통제intellectual control 방법인 해제=기술이 핵심이다. 기록의 집합에 내재한 유기성의 여러 차원을 고려하여 기술하는 것이 곧 '다차원 기술규칙rule of multi-level description'이다.

[그림 23] 다차원 기술규칙

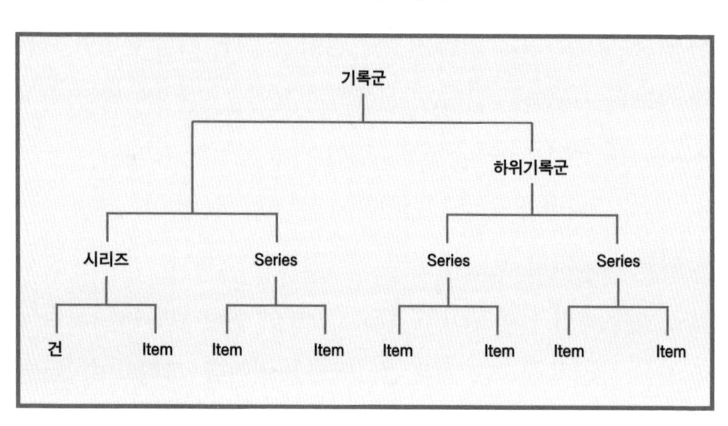

자연어 검색이든 시소러스든 일단 다차원 규칙에 따라 기술된 기록에 닿기만 하면 그때부터는 '핀볼pinball 효과'가 작동하여 관련 기록을 모두 검색할 수 있는 토대가 된다. 그렇지 않으면 기록은 낱개로 된 문서 파편 이상이 될 수 없다. 그러므로 현재 한국의

국가기록원에서도 기술을 시행하고 있고,* 공공 기록보다 매뉴스크립트를 많이 소장하고 있는 민주화운동사료관에서도 소장기록물을 기술하는 작업을 하고 있는 것이다.**

젠킨슨은 이런 기록의 특징을 다섯 가지로 요약했다. 첫째, 중립성=불편부당성이다. 후손들을 위해 생산한 것이 아니라 행위의 부산물로 생긴 것이다. 그저 "진실 빼고는 할 말이 없다." 둘째, 기록의 생산, 유지, 보존의 연속성*continuum*으로 확보된 신뢰성이다. 셋째, 기록은 박물관 유물처럼 인위적으로 모은 기록들이 아니라, 행정이라는 실용 목적으로 사무실에서 자연스럽게 축적된 자연성naturalness을 띤다. 넷째, 모든 기록은 보존되는 그룹 안팎의 기록과 밀접하게 관련되어 있고, 기록의 중요성은 그 관계에 달려 있다는 점에서 상호연관성의 특징이 있다. 그리고 이 상호연관성이 다섯째, 유일성uniqueness이라는 특징을 부여한다. 기록이 속해 있는 기록의 우주에서, 즉 전체 그룹의 구조에서 나름의 위치를 차지하고 있다는 사실 때문에 모든 기록은 항상 독특한 것이다.***

* 국가기록원, 《국가기록원 기록물 기술규칙》, 2006.

** 민주화운동사료관(http://archives.kdemocracy.or.kr)에서는 소장기록에 대한 기술 방식을 개발하여 서비스하고 있다.

*** 루치아나 듀란티L. Duranti, 〈평가의 개념과 기록학〉, 오항녕 편역, 《기록학의 평가론》, 285~288쪽. 이런 젠킨슨의 견해는 듀란티가 젠킨슨Hilary Jenkinson, *A Manual of Archive Administration*(Oxford: Clarendon Press, 1922) 및 Public Record Office, *Guide to the Public Records*, Part I: Introductory(London: Public Record Office,

기록archive의 성격 또는 자격

이상의 논의를 바탕으로 기록의 성격을 좀 더 정리해보겠다. 역사학의 탐구 대상인 사료는 공사 영역을 불문하고, 형태나 매체에 상관없이 인간의 모든 흔적을 포함할 수 있다. 하지만 기록학은 대체로 공사 영역의 문자로 된 문서를 대상으로 삼고, 사안과 관련된 범위 내에서 필름, 사진, 그림, 도면이 포함될 수 있다.

젠킨슨은 "수고, 타자기로 친 원고, 인쇄물, 여기에 딸린 또는 첨부된 다른 모든 물적 증거도 함께 망라하는 것"이라고 문서record를 정의한 뒤, 기록archive은 "그 자체가 관련된 행정상의 또는 집행상의 업무처리(공적이건 사적이건 간에) 과정에서 작성되었거나 사용된 것을 말한다. 그래서 결과적으로 그 일 처리의 책임자 및 법적 후계자들이 자기들 정보를 위해 자기 자신들의 관리하에 보존해두는 것을 말한다"라고 했다.* 그리고 이 정의에, 애당초 이 기록은 후손들의 이익이나 정보를 위해서 작성된 것이 아니었다는, 논쟁이 될 만한 말을 덧붙였다. 논쟁이 될 만하다는 것은 인간은 후손을 위해 역사적으로 행동하기도 하기 때문이다.

그는 기록의 특성을 검토하면서 두 가지 공통의 성격이 있다고

1949)에서 추출한 것이다.

* 힐러리 젠킨슨Hilary Jenkinson, 이상민·오항녕 옮김, 《기록관리편람》, 정부기록보존소, 2003, 제3장, 9쪽.

보았다. 첫째, 공정성이다. 기록은 당초 불편부당하게 태어난다는 것이다. 연구에 제공되는 정보로 치면 연구자마다 제각각 그 목적이 무한할 것이다. 하지만 기록과 연구 목적 사이에서 추정할 수 있는 유일한 예상은 기록을 작성하고 보존한 사람들이 생각했던 목적은 연구자의 목적이 아닐 것이라는 사실뿐이다.

서구 기록학의 경우, 이 기본 관념은 로마법에 뿌리를 두고 있다.* 그 관념은 '지속적인 기억perpetual memory'과 '공적公的 신뢰public faith'이다. 대부분의 고대 기록에는 통상 인사말 끄트머리에 '영원히in perpetuum', '영원토록ad perpetuum' 또는 '영원한 기억 속으로ad perpetuum rei memoriam' 같은 투식이 있었다. 기록이 관련된 사실에 대해서는 오직 사실이 발생한 지금에만 알 수 있기 때문에 그 사건이 과거로 미끄러지기 전에 꽉 얼려버릴 장치가 필요했던 것이다.

로마법에 따르면 공공기관만이 기록관을 보유할 수 있었고, 공적 업무를 수행하는 과정에서 생산된 기록만이 공적 신뢰를 획득했다. 그렇다고 그것만으로 기록이 신뢰를 얻은 것은 아니었다. 기록이 증거능력을 가짐에 따라, 사적으로 생산된 문서는 그 작성자나 합법적인 승계자에 의해 기록관에 기탁됨으로써 공적 신뢰를 얻기도 했다. 믿을 수 있는 책임자의 손에서 실수 없이 간수

* 루치아나 듀란티, 〈평가의 개념과 기록학〉, 오항녕 편역, 《기록학의 평가론》, 2005, 279~285쪽.

되어야 기록을 훼손으로부터 보호할 수 있으며, 신뢰성을 보증할 수 있고, 내용의 진실성을 확신할 수 있다는 관념인 셈이다.

이것이 실제로는 오용, 남용의 길을 열기도 했다. 개인들이 공적 신뢰를 얻기 위해 흠이 있는 기록을 공공기록관에 맡기기 시작했던 것이다. '손상되지 않은 공적 관할권unbroken public custody'이 유지된 관청의 기록은 신뢰성을 인정할 수 있었다. 그러나 전쟁, 도난으로 관할권이 깨졌거나 개인이 소장하던 기록으로 이력이 불분명한 경우는 의심해야 했다. 이렇게 관할권이 깨진 기록이 공공기록관에 들어오거나 공증을 받으면서 기록의 형식이 신뢰성의 요건이 되었다. 즉 위조, 변조의 흔적이 없어야 하는 것이다.

진본성authenticity은 젠킨슨이 기록의 두 번째 성격으로 말한 바 있다. 그에 따르면 기록은 발생 기원 때문에 오늘날 이용의 근거로 삼고 있는 이해관계와 관계없는 것처럼 보인다. 또한 생산 이후 관할권자에 의해 관리되었다는 이력 때문에 특정 이해관계에 의해 변조되었다는 의심을 받지 않는 것처럼 보인다.

진본성이 그 기록이 진짜인지 아닌지 여부genuineness를 판단할 증거가 되었던 것이다. 듀란티가 말하는 진본성이란 증거능력을 갖도록 해주는 모든 규정된 형식을 갖춘 기록에 남겨진 내용을 가리킨다. 진짜란 기록이 알려진 바의 바로 그 기록이라는 의미이다.*

* L. Duranti, *Diplomatics: New Uses for an Old Science*(The Scarecrow Press, 1998), p. 46.

기록의 공공성, 진본성이라는 성격은 곧 사료 비판의 문제를 제기한다. 젠킨슨의 말을 계속 보자. 먼저 집필하면서 또는 이해관계에 따라 위조할 가능성은 공공기록관에서 매우 드물고, 보관소 직원들이 알지 못하는 사이에 일어난다. 그렇다고 보존하는 기록에 위조가 없다는 말은 아니다. 실제 기록 위조도 있고, 기록이 작성된 날짜 이후에 진실의 은폐나 허위 등으로 변조된 사례도 있다. 하지만 보관 관리만 잘 된다면 위조의 가능성은 사실 전무하다. 그런데 어떤 사람이나 기관에서 작성하고 다른 사람이나 다른 기관에서 보관해온 기록에 관해서는 위조나 변조에 가능성이 없다고 보장할 수는 없다. 왜냐하면 양측이 관련되어 있고, 어느 쪽이나 상대편을 속일 만한 동기를 가질 수도 있기 때문이다.

이쯤에서 기록학에서 말하는 기록archive의 네 가지 성격 또는 자격에 대해 정리할 필요가 있다. 물론 이 네 가지 성격은 젠킨슨, 듀란티 등의 논의를 이어받은 학자들에 의해 탐구, 정의된 것이다. 전자기록이 일반화된 현재, 기록의 성격을 결정짓는 4대 요소가 강조되고 있음은 주지의 사실이다. 그 4대 요소는 진본성, 무결성無缺性, 신뢰성, 이용 가능성이다.[*]

물론 실제로 진본성과 무결성은 떼어 생각하기 어렵고, 무결성을 진본성에 포괄되는 개념으로 보아도 무방하다는 견해도 있다.

* 4대 요소는 〈공공기록물 관리에 관한 법률〉 제5조에도 명시되어 있다.

듀란티가 그러하다. 그에 따르면, 진본성이란 그 기록이 만들어진 이래 어떤 조작이나 대체, 왜곡이 생기지 않았다는 점에서 바로 그 기록이라고 말할 수 있는 '속성'을 말한다. 또한 그는 진본성은 기록의 내재적 성격이 아니라 '정해진 장소', 예를 들어 절이나 공공시설, 창고, 기록관 등에서 보존되었다는 사실을 통해 그 기록에 부여된 성격으로 보았다. 그의 진본성 개념은 보존 단계를 포함하며, 이런 전제에서는 무결성을 포함할 수밖에 없다. 하지만 첫째, 생산과 보존의 주체가 달라져 왔던 역사적 경험이나, 둘째, 기록의 생애를 고려할 때 진본성과 무결성이 구분되지 못할 개념은 아니라고 생각한다. 그런 점에서 다음 정의에 동의한다.

① 기록이 표방하는 바 그대로의 기록인지
② 그것이 생산했거나 보낸 것으로 되어 있는 바로 그 행위 주체가 생산했거나 보냈는지
③ 기록에 명시된 시점에 생산되었거나 보내졌는지*

또한 진본성은 기록의 작동 영역에 따라 개념 차이가 있을 수 있다. 법적으로는 원본인지 사본인지에 따라 증거로 인정할 것인

* KS X ISO 15489-1: 5.2.2.1, 2021, 진본성.

지 어떤지 쟁론이 있을 수 있지만, 사실 역사학에서는 원본일 필요는 없다. 따라서 진본성authenticity과 진짜 여부genuineness라는 개념이 선명히 구별되지 않는다. 사본이라도 진본성이 있으면 진품=진짜가 아니라도 상관없으므로 구별할 필요가 적다.

역사 사료 중에서 예를 들면, 진본성은 '이' 《태종실록》이 조선 실록청에서 편찬한 것이 맞고, '저' 《난중일기》가 이순신 장군이 쓴 일기가 맞느냐를 따지는 것이다. 편지의 수결手決, 전교傳敎에 찍힌 어보御寶 등은 진본성을 확인하는 중요한 수단이다.

무결성은 "기록이 완벽하고 변경되지 않은 상태로 보존되는 것"으로,* 실록이나 일기가 훼손, 변조, 손상되지 않고 기록의 아이덴티티를 유지하고 있느냐는 문제이다. 진본성이 생산자와 관계된 개념이라면, 무결성은 생산 이후의 관리, 보존 단계에서 문제가 된다. 이를테면 사초를 훔치거나 도려내거나 누설하거나(비밀일 경우) 지우는 행위가 여기에 해당된다.** 일기를 옮겨 적으면서 수정, 변개하는 것에 대한 검증 역시 무결성이라는 주제에 해

* KS X ISO 15489-1: 5.2.2.3, 2021, 무결성.

** 《세종실록》 권123, 31년 3월 임오조(2일). "春秋館啓. 本館所藏史草, 皆記君臣善惡, 垂示後世, 關係至重, 非他文書之非, 禁防不可不嚴. 若史官惡其自己干係之事, 或請親戚舊故之請, 思欲滅迹, 全盜卷綜者, 以盜制書律論斬. 截取磨擦墨抹者, 以棄毁制書律斬. 同僚官知而不告者, 依律減一等. 將史草事情, 漏泄外人者, 以近侍官員漏泄機密重事於人律斬. 上項事件, 雖經赦宥, 正犯人, 奪告身, 永不敍用. 犯者物故, 亦行追奪, 知而不告及漏泄者, 只收職牒, 以嚴防禁. 從之."

당한다. 《실록》이나 《승정원일기》도 이런 경우가 있지만, 개인 일기 역시 원본에 글씨를 겹쳐 쓰거나 먹줄로 삭제하거나 아예 일기 전체를 후손이 다시 옮겨 쓰면서 변개하는 경우도 있다.* 전자기록에서는 접근 제어 기능이나 로그인 흔적을 남기는 메타데이터를 통해 무결성을 유지할 것이다.

신뢰성은 해당 기록에 담긴 정보의 신뢰성을 말한다. 다음 정의를 보자.

> ① 기록이 입증하고자 하는 처리행위, 활동 또는 사실의 완전하고 정확한 표현물로서 해당 기록의 내용을 신뢰할 수 있고
> ② 이후의 처리행위 또는 활동 과정에서 믿고 의존할 수 있는 것이다.**

경우에 따라 진본성, 무결성에 포함시키기도 하지만, "신뢰성이란 진본성, 정확성, 충분성, 완전성, 무결성, 지속성, 의존성과 연결된 상대적 개념이다. 일반적으로 신뢰성이란 신용trustworthiness과 동의어로 쓴다"***는 점에서 진본성이나 무결성과 구별되는 개념이다.

간단히 말하면 신뢰성은 기록에 대한 내용의 문제이다. 예를 들

* 이성임, 〈《溪巖日錄: 1603~1641》에 대한 자료적 검토〉, 《한국사학보》 57, 2014.
** KS X ISO 15489-1: 5.2.2.2, 2021, 신뢰성.
*** SAA, https://dictionary.archivists.org/entry/reliability.html

어 숙종조 갑술양전甲戌量田의 전결田結을 기록한 《비변사등록備邊司謄錄》의 내용이 믿을 수 있는지, 이 기록의 정보를 토대로 과세를 할 수 있고 20년 뒤 양전 때도 이 기록을 토대로 삼을 수 있는지 여부가 이슈인 것이다. 2024년 통계청의 인구센서스를 기록한 문서의 통계가 믿을 수 있는 정보인지를 묻는 것도 이 이슈에 속한다. 그래야 대한민국의 인구 추이를 예측하고 경제정책을 비롯한 국정에 증거로 쓸 수 있기 때문이다. 그러니까 신뢰성이란 해당 기록이 증거로서 갖는 권위와 진실성을 가리키며, 해당 기록이 자신이 말하고 있는 사실에 대해 책임을 질 수 있는 능력을 가리킨다. 그리고 신뢰성은 문서가 '초안草案(drafts)'이든 '원본originals'이든 '사본寫本(copies)'이든 모두 적용되는 개념이다.*

기록인 윤리

이런 특징과 성격을 가진 것이 기록학에서 말하는 기록이다. 그 기록을 담당하는 사람을 기록관리자, 아키비스트archivist라고 부르며, 기록관리, 기록보존이라는 직무를 담당할 윤리를 제정하여 책임감을 갖도록 하고 있다. 다음은 국제기록평의회ICA(International

* 루치아나 듀란티, 〈평가의 개념과 기록학〉, 오항녕 편역, 《기록학의 평가론》, 진리탐구, 2005, 285~288쪽.

Council on Archives)에서 정한 윤리규약이다.* 서론과 본문, 원칙과 해설로 되어 있는데, 본문의 원칙만 참고로 제시한다.

ICA 윤리규약(원칙만 수록)

1. 기록관리자는 기록물의 무결성을 보호해야 하고, 그럼으로써 계속 과거에 대한 신뢰할 수 있는 증거가 되도록 보증해야 한다Archivists should protect the integrity of archival material and thus guarantee that it continues to be reliable evidence of the past.
2. 기록관리자는 기록물이 지닌 역사적·법적·행정적 맥락에서 평가·선별·유지하고, 그럼으로써 출처주의의 원칙을 보유하고 기록 일반의 원래 연관 관계를 명백히 해야 한다 Archivists should appraise, select and maintain archival material in its historical, legal and administrative context, thus retaining the principle of provenance, preserving and making evident the original relationships of documents.
3. 기록관리자는 기록물을 처리, 보존, 활용하는 과정에서 기록의 진본성을 보호해야 한다Archivists should protect the

* ICA, *Code of Ethics*, https://www.ica.org/en/ica-code-ethics, 2022년 3월 9일 검색.

authenticity of documents during archival processing, preservation and use.

4. 기록관리자는 기록물을 계속 활용할 수 있고 파악할 수 있게 해야 한다Archivists should ensure the continuing accessibility and intelligibility of archival materials.
5. 기록관리자는 기록물에 대한 조치를 적고 그 조치가 정당했음을 입증할 수 있어야 한다Archivists should record, and be able to justify, their actions on archival material.
6. 기록관리자는 기록물이 최대한 널리 활용되도록 장려하고, 모든 이용자에게 공평한 서비스를 제공해야 한다Archivists should promote the widest possible access to archival material and provide an impartial service to all users.
7. 기록관리자는 기록에 대한 활용과 프라이버시를 모두 존중해야 하며, 관련 법령의 범위에서 행동해야 한다Archivists should respect both access and privacy, and act within the boundaries of relevant legislation.
8. 기록관리자는 자신에게 부여된 각별한 신뢰를 일반 대중의 이익을 위해 사용해야 하며, 자신이나 타인의 이해에 맞춰 부당하게 지위를 사용해서는 안 된다Archivists should use the special trust given to them in the general interest and avoid using their position to unfairly benefit themselves or others.

9. 기록관리자는 끊임없이 체계적으로 자신이 가진 기록에 대한 지식을 쇄신하고 연구 결과와 경험을 공유함으로써 탁월한 전문성을 갖도록 노력해야 한다Archivists should pursue professional excellence by systematically and continuously updating their archival knowledge, and sharing the results of their research and experience.

10. 기록관리자는 같은 일을 하는 동료나 다른 분야의 전문가들과 상호 협력을 통해 세계 기록유산의 보존과 이용을 촉진해야 한다Archivists should promote the preservation and use of the world's documentary heritage, through working co-operatively with the members of their own and other professions.

04
기록으로 살아나는 역사

과거에도 그랬고 현대에도 그렇지만 어느 정도 규모의 문명이나 국가 시스템을 유지하는 나라는 기록학의 영역, 즉 기록을 생산하고 관리하는 시스템을 갖추고 있다. 그 시스템은 바람직하다고만 말할 수 없는 인간에 대한 통제적 성격을 띠고 있었다.

국가가 모습을 드러내면서 왕을 정점으로 한 신분의 구별이 생기고, 재화의 편중에 따라 계급의 분화가 생겨났다. 국가는 그 양식인 세금과 부역을 확보하기 위해 인민과 산업을 가시권에 두어야 했는데, 그렇게 가시권에 두는 방법이 기록이었다.* 문자와 기록을 통해 노동, 곡물, 토지, 배급, 노예(포로)를 파악하는 것이 급선무였기 때문이다. 이런 점에서 기록을 중심으로 역사시대와 선사시대를 나누

* 제임스 C. 스콧, 전경훈 옮김, 《농경의 배신》, 책과함께, 2019, 188~198쪽.

는 방식은 국가주의의 오염을 어느 정도 감수해야 한다.

국가나 문명의 전개가 기록의 양산을 낳았던 것은 사실이다. 그 연장에서 노자老子는 다음과 같은 문명에 대한 통찰을 남겼다.

> 나라는 작고 백성은 적게 하라. …… 사람들로 하여금 다시 끈으로 묶은 문자를 사용하며 살게 하고 채식을 달게 먹으며, 거친 옷을 아름답게 여기게 하라. 검소한 집을 편안하게 여기며, 소박한 풍속을 즐기게 하라. 이웃 나라가 서로 바라보이고 닭과 개 소리가 들리더라도 사람들이 늙어 죽도록 서로 왕래하지 않게 하라.*

맨 앞의 말을 따 '소국과민' 테제로 알려진 이 언설은 짧으면서 강력했다. 시대와 공간이 달랐던 이집트 왕 타무스 역시 비슷한 생각을 가지고 있었다. 파이드로스와 소크라테스의 대화록인 플라톤의 《파이드로스》에 실린 이야기를 보자. 소크라테스는 이집트의 토착 신들 가운데 테우트가 있는데, 이 신은 맨 처음 수와 계산법과 기하학과 천문학은 물론 장기 놀이와 주사위 놀이를 발명했고, 그 외에 문자까지 발명했다고 소개한다. 당시 이집트를 다스리던 왕은 타무스였다. 테우트 신이 그를 찾아와 기술들을

* 노자, 《도덕경》 80장, "小國寡民 …… 使民復結繩而用之. 甘其食, 美其服, 安其居, 樂其俗. 隣國相望, 鷄犬之聲相聞, 民至老死, 不相往來."

보여주면서 다른 이집트인들에게 그 기술들을 보급해야 한다고 말했다.

> 테우트 신: 왕이여. 이런 문자에 대한 지식은 이집트 사람들을 더욱 지혜롭게 하고 기억력을 높여줄 것입니다.
>
> 타무스 왕: 기술이 뛰어난 테우트 신이여. 지금 그대는 문자의 아버지로서 그것에 선의를 품고 있기 때문에 문자가 할 수 있는 정반대의 효과를 말했소. 문자는 그것을 배운 사람들로 하여금 기억에 무관심하게 해서 그들의 영혼 속에 망각을 낳을 것이오. 그들은 글쓰기에 대한 믿음 탓에 바깥에서 오는 낯선 흔적들에 의존할 뿐 안으로부터 자기 자신의 힘을 빌려 상기하지 않을 것이기 때문이오. 그러니 그대가 발명한 것은 기억의 묘약이 아닙니다.
>
> 이어서 타무스 왕은 덧붙였다.
>
> 타무스 왕: 그들은 적절한 가르침이 없이도 많은 정보를 받아들일 수 있게 될 것이고, 따라서 실제로는 거의 무지하다 할지라도 지식이 있는 것으로 인정받게 될 것입니다. 그리고 그들은 진정한 지혜 대신 지혜에 대한 자만심으로 가득 차 장차 사회에 짐이 될 뿐입니다.*

* 플라톤, 조대호 옮김, 《파이드로스》, 문예출판사, 2008, 140~142쪽.

[그림 24] 타무스와 테우트 신화
플라톤은 《파이드로스*Phaedrus*》에서 이집트의 왕 타무스Thamus에게
글쓰기를 가져온 테우트Theuth의 신화를 이야기한다. 테우트 신은 글쓰기가 이집트인들을
더 현명하게 만들 것이라고 주장한다. 하지만 타무스 왕은 글쓰기가 기억력보다는
건망증을 증가시킬 것이라며 회의적인 모습을 보인다.
그림은 테우트 신과 파라오를 묘사한 부조.

문자의 사용이 기억력을 약화하고 거짓 지혜를 낳는다는 타무스 왕의 주장은 우리 경험을 볼 때 틀린 말이 아닌 듯하다. 예전에는 전화번호를 다 외우던 사람들도 휴대전화에 전화번호를 저장해두고 나서는 전화번호를 거의 기억하지 못하지 않는가. 그렇다고 문자 사용이 사회에 짐이 될 것이라는 타무스의 주장이 모두 맞다고 볼 수도 없다. 문자의 혜택은 크다. 문명 자체가 득실의 다면성을 띠고 있다.

같은 전통

현재 역사학계와 기록학계는 교류가 느슨하거나 상관 없는 영역인 듯 보인다. 기록학의 경우 관심 영역인 기록의 생산, 전달(보존)에 집중하는 반면, 대학의 역사학과는 역사 연구, 역사 서술에 방점을 두고 있기 때문이다. 하지만 이러한 느슨한 연계나 괴리에도 불구하고 피할 수 없는 유대가 존재한다.

이를테면 이런 것이다. 아스만은 실용적인 차원에서 증거나 기억으로 차곡차곡 쌓아놓은 기록류를 저장기억이라고 부르고, 교과서나 논문에 남아 있거나 머릿속에 지금 탁 떠오르는 또는 그렇게 떠올리는 기억을 기능기억이라고 불렀다.[*] 저장기억은 비활성화되어 있고, 비교적 무념 무상하게 불러줄 때를 기다리고 있다. 젠킨슨의 말대로 불편부당하게 말이다.

1장부터 계속 어떤 매체나 방식을 통해서든 경험을 적어서 남기는 기록Recording–전달Archival–역사 서술Story, Historiography이라는 세 범주로 구분할 수 있는 '역사–인간Homo Historicus'의 행위 영역을 살펴보았는데,[**] 아스만의 용어를 여기에 대입하면 기록–전달은 저장기억, 역사 서술은 기능기억으로 볼 수 있을 듯하다. 대체로 역사 서술=기능기억은 근대 분과학문으로서의 역사학이나 역사–소비 일반의 결과이고, 기록행위=저장기억은 기록학, 기록관리학의 대상이자 결과로 분류할 수 있다. 전통적으로 동아시아든 지중해 지역이든 사史=역사는 기록행위와 역사 서술을 통칭해서 부르는 용어였음은 이미 살펴본 바 있다. 이렇게 역사라는 개념 자체도 시공時空에 따라 차이가 있다는 점에서 '역사적'이다.

기록, 고문서, 사료 등 각기 다르게 부를지라도 '아카이브'가 역사학의 바탕이라는 점에는 이론의 여지가 없다.[***] 규장각과

* 알라이다 아스만, 채연숙·변학수 옮김, 《기억의 공간》, 그린비, 2011.

** 오항녕, 《호모 히스토리쿠스》, 2016 및 이 책 제1장 참고.

*** 한국학중앙연구원 인문학부 고문헌관리학(http://www.aks.ac.kr/univ/), 2017. 8. 25.

장서각을 'archive'라고 부를 뿐 아니라 고문헌관리학과의 고문서와 기록 모두 'archives'라고 부른다.

기록 일반은 시공간의 제한을 받는 인간 경험을 잡아두고 영속화하는 유일한 수단이기 때문에 기실 역사의식에는 종교성이 담겨 있게 마련이다. 그래서 진작부터 '있는 대로 기록하고 지어내지 않는다[述而不作]'는 표어가 회자되었음을 확인한 바 있다. 사료비판Quellenkunde이라는 용어가 역사학에 동반되어온 것도 같은 이유이다.*

이러한 상호관계의 자명함에 더하여, 기록학의 관점에서 볼 때 주요한 몇 가지 역사학의 경험과 실천은 기록학의 근거를 이루고 있다. 앞서 기록의 특징과 성격을 살펴보며 추출한 출처주의, 원질서 존중, 정리, 기술, 평가 등 기록학의 주요 개념을 통해 그 경험과 실천을 알아보기로 하겠다.

전자기록의 등장과 함께 부여된 이용 가능성이라는 성격 외에 진본성, 신뢰성, 무결성은 사료 비판의 측면에서 역사 연구에서 일차적으로 맞닥뜨리는 개념임을 이미 밝혔으므로 중언할 필요는 없을 것이다. 사료를 다루는 역사학자들은 이들 개념과 하루 종일 아니 평생 씨름하고 있다고 볼 수 있다. 그런 까닭에 유지기는 역사 편찬에서 사료 수집의 적절성[採纂], 인습의 오류와 병폐

* Josef Hartman, "Urkunden", Friedrich Beck, Eckart Henning ed., *Die archivalischen Quellen*(BÖHLAU, 2004).

[因習], 직서의 전통과 모범[直書], 곡필의 사례와 영욕[曲筆] 등을 서술했던 바,* 역사 기록의 진위, 왜곡, 신뢰라는 핵심 주제를 강조했던 것이다. 유지기는 이 같은 강조 외에도 많은 부분에서 신뢰성, 무결성을 확보하기 위한 방안을 논의하고 있다.

이런 점에서 볼 때 동아시아 역사 편찬의 경험은 역사학뿐 아니라 기록학과 관련하여 흥미로운 단서들을 제공한다. 예컨대 《실록》에 대해 학계에서는 대개 '역사서'라고 하기도 하고, 편찬을 거쳤기 때문에 2차 사료라고 하는 등 개념에 대한 정밀한 논의 없이 사용하고 있다. 필자 역시 이런 애매한 태도에서는 마찬가지였다.** 이런 '현대 역사학'의 '전통시대 역사학'에 대한 모호한 이해는 기록학 개념을 대입하면 비교적 명료히 설명할 수 있다.

의정부나 사헌부 등 각 관청 업무에서 활용이 끝난 문서는 폐기되거나 보존된다. 조선 시대 사관의 사초도 그러했다. 사관의 사초는 실록 편찬이 끝나면 세초洗草하고 그 종이는 재생하여 다시 사용했다. 그러니까 사초의 운명은 애당초 '사라지게 되어 있는=폐기되는' 것이었다. 이런 점에서 종종 '영구보존 기록archives'을 사초에 비유하는 것은 오류라고 할 수 있다. 오히려 '영구보존 기록'은 사초가 아니라 '실록'이라고 보는 것이 개념적으로 타당

* 유지기, 오항녕 옮김, 《사통》, 역사비평사, 2012. 각각 내편 15장, 18장, 24장, 25장이다.

** 오항녕, 〈조선 전기 기록관리체계의 이해〉, 《기록학연구》 17, 2008.

[그림 25] 〈도성도〉

[그림 26] 조지서 일대의 모습(19세기 말)

[그림 27] 조지서 마을 일대의 전경(20세기 초)

조선 시대 사관의 사초는 실록 편찬이 끝나면 세초洗草 후 다시 사용했다.
자하문 밖 세검정 북쪽 부근에 있던 조지서造紙署(조선 시대 각종 종이의 제조를 담당한 관청)에서
사초를 물에 씻어 글자를 지운 후 종이는 재사용한 것이다. [그림 25]는 18세기(1737~1776)에 간행된
《광여도廣輿圖》에 실린 〈도성도都城圖〉, [그림 26]과 [그림 27]은 하야시 다케이치의 유고사진첩
《조선국진경朝鮮國眞景》(1892)에 수록된 조지서 일대의 모습(위),
세검정 위쪽 조지서 마을 일대의 전경(아래).
* 소장처: 서울대학교 규장각한국학연구원·국립중앙도서관·서울역사박물관

하다. 실록 편찬 과정에서 보면, 사초는 '평가appraisal'를 거쳐 폐기되고 살아남은 사초는 실록에 '등록謄錄/登錄(registering)'되는 것이다. 이를 조선 시대에는 편찬이라고 불렀다. 특히 편찬이라는 용어는 오해가 많은 용어인데, 편찬에는 기록학에서 말하는 등록, 평가 외에 정리Arrangement도 포함된다.

바로 이러한 '평가'와 '등록' 때문에 '직서直書'의 문제가 생긴다. 여기서 '직서'는 진본성과 신뢰성 개념과 관련이 있고, 이는 역사학에서는 오래된 '1차 사료', '2차 사료'라는 개념과 관련이 있다. 전통적으로 역사 기록에서 생명처럼 중시된 '직서'라는 말에는, 첫째, 자격이 있는 사람이 기록한 것이라는 의미와, 둘째, 그 기록을 변조, 훼손하지 않고 믿을 수 있는 기록이라는 의미가 함께 들어 있다. 자주 인용되는 동호董狐와 남사南史는 직필의 상징으로, 각각 춘추시대 진晉나라, 제齊나라의 사관이었다. 남사는 "시실에 근거하여 그대로 썼다[據實直書]"라는 평을 받았고, 동호는 "서법은 숨기는 일이 없었다[書法不隱]"는 평을 들었다.*

기록학의 '관할권의 승계와 지속chain of Custody' 개념에 비춰도 이러한 성격은 증명될 수 있다.** 앞서 말했듯이 사초는 원래 '산삭刪削(Appraisal)'을 거쳐 실록이 되든지 세초가 되어 사라지도록 작성된 기록류였다. 그리고 그것은 공적 권위를 가진 관원과 규정에

* 《춘추좌씨전》, 양공襄公 25년, 선공宣公 2년.

** 제2부 제2장 보존기록의 이관: 관할권Custody 문제 참고.

따라 진행되었다. 그러므로 이는 그 문서를 생산했거나 법적으로 규정에 따라 그 문서를 관리하도록 되어 있는 권한을 가진 사람들, 즉 관할권을 가진 사람들에 의해 수행되는 업무였기 때문에 기록학의 관점에서 보았을 때는 실록으로 편찬된다고 하여 전혀 원본의 가치를 해치는 것은 아니었다.

《실록》을 '신사信史', 즉 '믿을 수 있는 역사'라고 부른 것은 이런 까닭이었다. 이런 취지를 반영하여 《실록》의 영어 대역어를 'Veritable Records'라고 했는지도 모르겠으나,[*] 필자는 'Authentic Records'라는 대역어가 기록학의 개념에 부합한다고 생각한다. 즉 《조선왕조실록》 '기록(영구보존 기록)'인 것이다.[**]

그 근거를 정리하면, 첫째, 실록의 '찬수범례'에서 확인된다. 14개 조항(《정조실록》 편찬부터는 27개 조항)은 실록이 산삭을 거친 문서의 등록임을 보여준다. 둘째, 실록 편찬의 프로세스, 즉 활용–수집/이관–산삭(평가)–등록–보존이라는 근대 기록학의 '라이프 사이클' 개념과 일치한다. 셋째, 실록에 수록된 사평이나 졸기 등 '조사, 연구'를 거친 기록들도 사관에게 부여된 공적 활동의 소산인 '공문서'라는 점에서 기록으로서 실록의 성격을 부정하는 것

* Peter H. Lee ed., *Sourcebook of Korean Civilization* Vol. 1(Columbia University Press, 1993), p. 530.

** 오항녕, "An archival interpretation of the Veritable Records", *Comma* 2008-1; 오항녕, 〈당대사 실록을 둘러싼 긴장, 규율, 그리고 지평〉, 《역사학보》 205, 2010.

은 아니다. 넷째, 조선 후기 네 차례에 걸친 실록 수정(개수)에서 추론할 수 있는 실록의 성격이다.

이어 기록학에서 말하는 정리의 원칙인 출처주의와 원질서 존중의 문제를 살펴보자. 앞서 편찬은 등록과 평가-선별의 의미를 포함한다고 했는데, 편찬은 정리의 의미도 포함하는 중층적 의미의 용어였다. '시정기時政記'에서 그 사례를 확인할 수 있다. 시정기는 사관이 실록을 편찬하기 전에 사초와 타 관청 문서를 모아놓은 것으로, 요즘 법제로 치면 기록관의 문서정리에 해당한다. 일종의 파일링filing인데, 이 역시 '시정기 편찬'이라고 불렀다. 《승정원일기》를 편찬하는 과정에서 관리하는 전교축傳敎軸 역시 등록謄錄의 하나였고 이 축軸을 만드는 파일링 과정 또한 편찬이라고 불렀다.*

조선에서는 출처주의에 해당하는 말을 쓰지 않았다. 아마 '출처'라는 말을 쓸 이유가 그들의 기록관리 경험상 필요하지 않았기 때문이라고 짐작한다. 출처가 되는 관청이 그다지 복잡하지 않았고, 자신들은 다 알았기 때문에 굳이 이를 원칙으로 삼을 이유도 없었다. 게다가 각 관청의 등록류, 실록 편찬 시 적용되는 〈시정기찬수범례〉, 나아가 《조선왕조실록》에는 반드시 그 기록의 주체, 즉 관청이나 인명이 명시되었기 때문이다.

* 명경일, 〈정조 대 전교축傳敎軸을 통해 본 승정원일기承政院日記의 문서 등록謄錄 체계〉, 《고문서연구》, 2014.

출처주의와 원질서 존중의 원칙은 현재도 고문서의 교육과 실제 정리에서 그대로 반영되고 있다. 이들 원칙의 적용은 기록의 실제 상황과 사안에 따라 다를 수 있으나, 원칙 자체를 변용하지는 않는다.* 한국 사학계의 고문서학을 개척한 최승희는 애당초 출처주의에 입각한 고문서학 개론이자 입문서를 학계에 제출한 바 있는데,** 그는 문서의 발급자를 중심으로 강綱으로 삼고, 발급자별로 수급자를 목目으로 삼아 분류하는 방식을 택했다. 이를테면 국왕 발급 문서에 왕실, 관부, 사인私人, 서원 등 수급자를 배치한 것이다. 비록 시안이라고 했지만, 기실 공문서의 성격으로 미루어 가장 자연스러운 분류 방식을 택한 것이었다. '각사등록各司謄錄'이라는 명칭으로 간행된 각 도의 문서, 《승정원일기》, 의금부등록義禁府謄錄, 충훈부등록忠勳府謄錄 등 모든 문서는 출처주의에 입각하여 간행되고 있다.

한편 기록관인 장서각, 국학진흥원 등 고문서를 수집, 관리하는 주요 기관들도 가문이나 개인에게 기증받은 문서의 원질서를 지켜 보존하고 있다. 장서각은 고문서의 형태, 제목, 가문별 분류를 이미지로 제공하지만, 서가의 관리와 보존은 출처인 가문별로

* 정의의 관점에서 원칙의 적용을 논한 글로는, 이경래, 〈과거사 집단기억과 '아카이브 정의'—진실화해위원회 아카이브의 동시대적 재구성〉, 《기록학연구》 46, 2015 참고.

** 최승희, 《韓國古文書硏究》, 지식산업사, 1989.

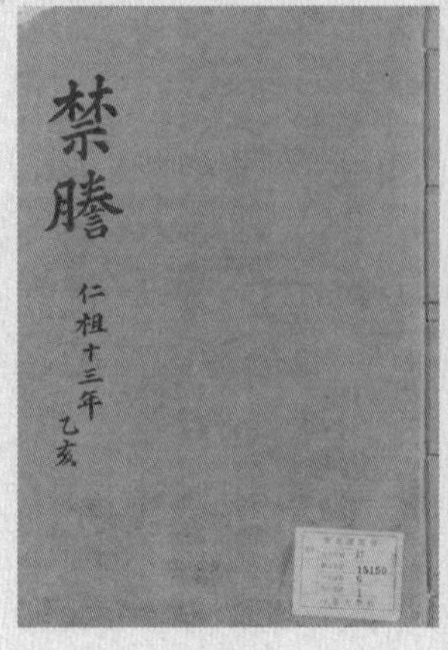

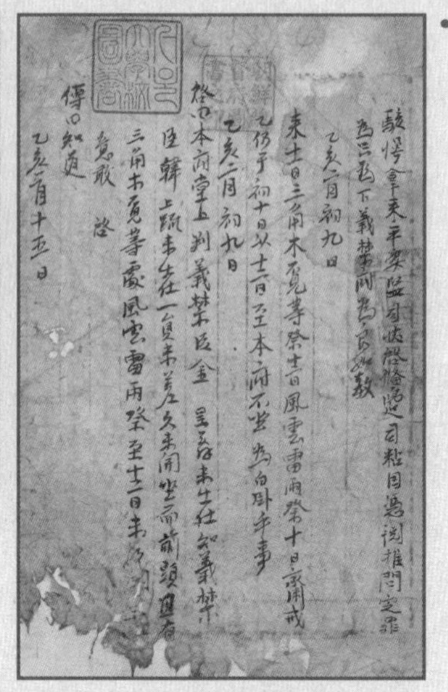

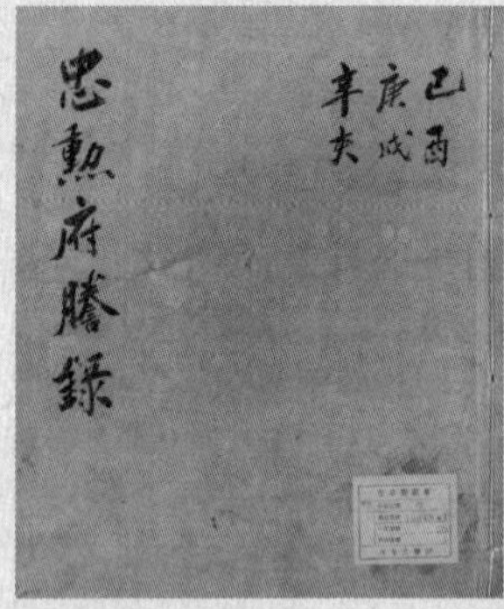

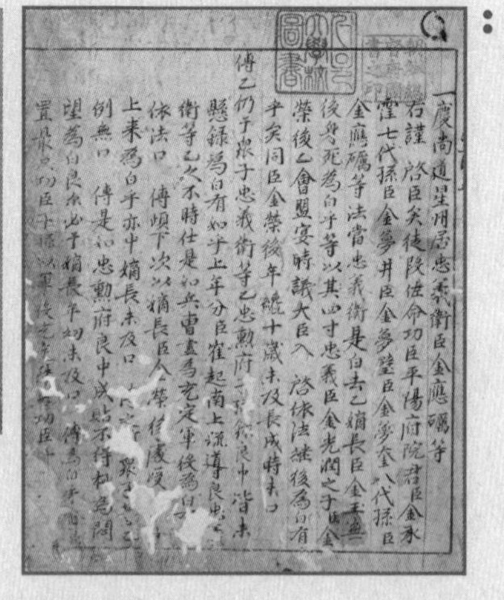

• [그림 28]《의금부등록》 •• [그림 29]《충훈부등록》

조선에서 기록물은 반드시 그 기록의 주체, 즉 관청이나 인명이 명시되었다.
각 도의 문서,《승정원일기》, 의금부등록, 충훈부등록 등
모든 문서는 출처주의에 입각하여 간행되었다. 기록학에서 말하는 정리의 원칙인
출처주의와 원질서 존중의 문제를 따로 논할 필요가 없었던 것이다.
* 소장처: 서울대학교 규장각한국학연구원

분류하고 있다.* 한국국학진흥원 역시 자료 유형, 주제, 연도, 지역별로 인터넷 서비스를 제공하지만, 서가와 기본 분류는 생산자를 중심으로 분류하고 있다.**

이제 기술Description로 넘어가보겠다. 규장각, 장서각, 국학진흥원 등에서 문헌을 이용자에게 소개하는 해제는 기록학의 기술과 같다. 기술은 기록학의 핵심 문제이다. 기술이 없으면 기록의 구조와 내용을 알 수 없다. 그래서 국제 기술표준인 ISAD(G)는 26개 기술항목을 제시하여 기록의 계층에 따른 구조와 맥락 정보, 내용을 설명하도록 권하고 있다. 26개 항목을 다 채워야 하는 것은 아니다. 26개 항목은 가이드라인이다.

26개 기술항목은 식별(참고 코드, 제목, 날짜, 기술 계층, 기술 단위), 맥락(생산자, 행정 이력, 기록관리 이력, 수집 및 이관 자원), 내용과 구조(범위와 내용, 평가 및 폐기 일정 정보, 추가기록, 정리체계), 활용(접근 조건, 재생산 조건, 언어, 물리적 특성, 검색 도구), 관련 정보(원본 위치, 사본 위치, 관련 기술 단위), 주기註記, 기술 통제(기록관리자 노트, 법령, 기술 날짜) 등 7개 영역에 배분되어 있다.*** 아키비스트가 이 작업을 해주어야 기록을 찾는 사람들이 원하는 기록을 정확하고 빠르게 원하는 만큼 찾을 수 있기 때문이다.

* 장서각, http://jsg.aks.ac.kr/, 고문서, 고서자료열람.

** 한국국학진흥원, www.koreastudy.or.kr/, 한국학자료센터 영남권역센터.

*** ICA, https://www.ica.org/sites/default/files/CBPS_2000_Guidelines_ISAD(G).

기존 역사학, 문헌학에서는 '기술'이라는 말 대신 '해제'라는 말을 더 많이 써왔다. 사례를 하나 들어보자. 반역 사건 등에 관련된 죄인을 심문하던 추국청에 대한 기록을 해제한 경우이다. 각각의 해제 항목에 ISAD(G)의 영역과 항목 번호를 매겨보았다.

서명(3.1.1) 推鞫日記 현대어서명 추국일기

저자(3.2.1) 承政院(朝鮮) 編

청구기호(3.1.1) 奎12795-v.1-30

책수(3.1.5) 30冊

간행년대(3.1.4) [17世紀 中半-19世紀 末(仁祖24年-高宗19年: 1646-1882)]

판본(3.4.3) 筆寫本(正本)

사이즈(3.4.4) 37.6×27.8cm(大小不同)

본문(3.2/3.3) 1646년(仁祖 24)부터 1882년(高宗 19)까지 惡逆罪人에 대한 推鞫의 내용을 요약한 책이다. 본래의 重罪人에 대한 供招記錄으로는 본 규장각 소장의 《推案及鞫案》[奎15149]이 있으며 본 일기는 이 《推案及鞫案》과 밀접한 관련을 가지면서 補完하는 성질의 것이라 할 수 있다. 朝鮮時代의 重罪人으로서 國王의 特旨에 따라 推鞫을 받는 부류는 變亂·逆謀·黨爭·邪學·凶疏·掛書·假稱御使·陵上放火 등이 지목되는데 다시 이들은 내용의 輕重에 따라 親鞫·庭鞫·推鞫·三省推鞫

으로 구분되어 推罪訊問을 받게 되어 있었다…….*

* 열람신청, 복제신청

이 해제에서 책이라고 표현했지만 《추국일기》는 문서를 책 모양으로 정리한, 당시 표현으로 '성책成冊(책으로 만듦)'했을 뿐, 기록archive에 해당한다. 위의 해제에 동의하지 않는 부분도 있고, 또 바람직하거나 모범적인 해제라고 생각하지도 않는다. 《추국일기》가 사본寫本인지 여부, 생산자를 승정원이라고 볼 수 있는지 여부, '이들 죄인에 관한 기록은 승정원의 형방刑房에서 관장한다'는 서술의 타당성 등에 의문이 들기 때문이다. 그에 더하여 열람, 복제는 ISAD(G)의 3.4 접근 및 이용 영역에 해당되는데, 위의 규장각 인터페이스에서는 해제 항목에 들어 있지 않고 화면에 따로 클릭하도록 되어 있다.

기술에 아키비스트가 개입함으로써 왜곡 가능성을 우려하는 시각도 있다.** 짐작컨대 '역사는 해석이다'류의 견해의 연장으로 보인다.*** 그러나 위의 해제에서 보다시피, 해제=기술에서 주관이 개입할 여지는 거의 없다. 오히려 보기에 우려되는 것은 기록

* 규장각, 원문자료 검색, 추안급국안, http://kyujanggak.snu.ac.kr, 검색일: 2017. 8. 25.

** 조민지, 〈기록의 재현과 기록기술archival description 담론의 새로운 방향〉, 《기록학연구》 27, 2011.

*** 이 책과 함께 출간된 《역사학 1교시, 사실과 해석》 참고.

관리자가 해제=기술을 작성할 능력이 있느냐이다.

또한 ISAD(G)의 기술 요소를 학습한 상태에서 해제를 작성했다면 훨씬 이용자에게 도움이 되는 해설이 되었을 것이다. 무엇보다도 계층별 기술 개념이 없다. 대개 어떤 반역 사건, 예를 들어 임해군 사건이 있으면 그 사건에 연루된 죄인들의 진술이 각각의 문건item이 될 것이고, 어떤 죄인의 여러 진술들, 즉 문건들이 파일을 구성할 것이며, 그 파일들이 임해군 사건이라는 시리즈를 구성할 것이다. 기록군은 통상 추국청이 될 것이다. 기록학의 방법에 따른다면, 추국청-임해군 사건-관련 인물(예컨대 하대겸河大謙·임해군 처조카)-1차 진술서라는 계층에 따라 기술할 것이 권장되었으리라.

이 해제는 ISAD(G)에 대한 고려 없이 작성된 것으로 보인다. 아마 도서관 서지정보 작성을 원용했을 것이다. 또한 3장에서 살펴본 도서와 기록의 차이에 대한 이해가 적었고, 기록학이 해제 작성에 도입되지 못했을 때의 일이다. 하지만 이미 이 해제에 ISAD(G)의 기술 요소를 상당수 포함하고 있음을 확인할 수 있다. ISAD(G)의 영역과 요소의 번호에 따라 표시한 바대로, 위의 해제는 기술의 여러 영역과 요소를 이미 포함하고 있다.

이렇듯 문서records/documents-기록archves/manuscripts-사료史, 직서/곡필-진본성Authenticity, 편찬-평가appraisal-감식鑑識, 편찬-정리Arrangement, 해제-기술記述 등 지역과 시대에 따라 기표記表(signifiant)가 다르더라도 그 개념 및 의미 내용인 기의記意(signifié)

는 같음을 알 수 있다. 출처주의와 원질서 존중의 원칙은, 'provenance', 'original oder'라는 표현을 쓰지 않음에도 불구하고, 기록관리의 전통 및 교육과 실무에서도 거의 차이 없이 유지되었던 것이다.

로마나 이슬람뿐 아니라 동아시아 전통 역사학, 아니 현재의 역사학에서까지도 기록학이라는 말을 쓰지 않았을 뿐이지 그 원리가 내재하여 기능하고 있었다는 말이다. 왜 기록학이라는 용어를 쓰지 않았는가? 기록학이라는 말을 굳이 쓸 필요가 없어서였다!

18세기를 넘어서며 달라졌다. 유럽의 근대 학문으로 들어서면서 역사학은 세 번째 범주의 연구, 탐구의 성격을 더 강하게 띠게 되었던 것으로 보인다. 곧 대학의 성격 변화이다. 19세기의 대학은 첫째, 전통지식의 전수보다 새로운 지식의 생산을 주된 목적으로 삼았다. 둘째, 대학의 과목은 전문화·세분화되었으며, 사회가 요구하는 전문인 양성을 위한 체계를 갖추었다. 셋째, 교수는 모든 과목을 가르칠 수 있는 마스터가 아닌 전문화된 단일 과목을 가르치는 프로페셔널로 여겨졌다. 넷째, 대학은 국가기관이 됨으로써 재정적 제약을 극복할 길이 열렸지만, 국민국가의 이익을 따라야 했다.*

첫 번째 성격을 이 책의 주제인 역사학의 변화로 말하자면, 1,

* 남기원 지음, 《대학의 역사》, 위즈덤하우스, 2021, 217쪽.

2범주에서 3범주로 역사학의 중심이 옮겨갔다는 말이 된다. 두 번째 성격으로 인해 역사학에서 기록학이 분리될 가능성이 커졌다. 첫째, 둘째 변화는 20세기 초에 '엄격한 전문화', '오늘날 가장 결정적이고 가치 있는 업적은 항상 전문적인 업적'이라는 주장으로 이어졌다.* 소명召命(Beruf)은 이제 전문성이 된 것이다.

역사학이 기록학과 분리되면서 연구 영역으로 특화된 변화를 단적으로 보여주는 것이 각주footnote의 출현이다. 이 주제는 진본성과 관련되어 있다. 실록을 편찬했던 사관이 사초나 기타 문서의 진본성을 입증할 필요는 적었다. 마찬가지 이유로 젠킨슨도 공공기록관에서 진본성에 문제가 생길 가능성이 거의 없다고 했던 것이다.

하지만 기록이 생산되고 전달하는 현장에서 떨어져 나온 역사학자들은 기록을 이용할 때 그 증거능력을 제시할 필요가 생겼다. '전문화=상아탑으로의 철수'가 이루어지면서 상황이 달라진 것이다. 각주의 등장은 역사학을 전통으로부터 분리시켰다.** 이 주제는 좀 더 고민해야겠지만, 헤로도토스나 투키디데스, 사마천이나 김부식은 자신들의 서술에서 전거를 거의 밝히지 않았다. 19세기에 많은 역사가는 사료 비판의 연장에서 각주를 역사의 증인으로 보았고, 그들이 "텍스트는 설득하고 각주는 증명한다"는 대

* 막스 베버, 이상률 역, 《직업으로서의 학문》, 문예출판사, 1994. 특히 19~26쪽.
** 앤서니 그래프턴, 김지혜 옮김, 《각주의 역사》, 테오리아, 2016, 42~43쪽.

[그림 30] 막스 베버

18세기 유럽이 근대 학문으로 들어서면서 역사학은 탐구의 성격을 더 강하게 띠게 되었다.
이는 20세기 초 베버의 '엄격한 전문화', '오늘날 가장 결정적이고 가치 있는 업적은
항상 전문적인 업적'이라는 주장으로 이어졌다. 전문성이 소명이 된 것이다.

안을 찾아낸 것도 사실이다.* 이 역시 각주가 현장을 떠난 사람들에게 진본성의 증거로 등장했음을 보여준다.

세 번째 대학의 변화는 특히 중요한데, 역사학이 국민국가사로 쪼그라들었다는 점이다. 일제강점기에 근대 역사학이 조선의 경성제국대학 등 대학 학과로 자리 잡았던 한국 역사학계의 사정도 마찬가지였다.** 국민국가사 중심의 교육과정은 지금까지 이어지고 있다.***

〈표 5〉 국민국가사 중심 교육과정을 보여주는 대학 커리큘럼

언어 및 방법	한국사를 보는 관점과 자료/한국사 한문강독/한국사 세미나/한국사 특강/한국사논문쓰기/동아시아 문헌과 규장각
시대사	한국 고대사/한국 중세사/한국 근세사/한국 근대사/한국 현대사20세기한국사
분야사	한국사를 이끈 사상가들/한국사와 생활문화/한국사학사/한국과학기술사/한국정치사회사/한국상공업사/한국근세사상사/한국사회경제사/한국대외관계사/한국고대사상사//한국독립운동사/한국사와 멀티미디어

* 설문원, 《기록학의 지평》, 조은글터, 2021, 79~80쪽.

** 신주백, 《한국 역사학의 기원》, 휴머니스트, 2016.

*** 서울대학교 국사학과 교과과정. https://koreanhistory.snu.ac.kr 검색일: 2022년 3월 10일. 고려대학교 한국사학과 교과과정에는 고고학, 기록학, 금석학과 함께 한국여성사, 한국예술사, 한국지역사 과목이 개설되어 있다. https://koreahistory.korea.ac.kr 검색일: 2022년 3월 10일.

이렇듯 한국에서 역사학과는 서양사학과/동양사학과/(한)국사학과로 나누어져 있거나 '사학과'로 존재한다. 중등교육의 역사 과목은 (한)국사이다. 이 과정에서 세계사든 한국에 대한 역사든 역사=국사로 생각하도록 배운다. 물론 국사 중심의 역사학도 나름의 역사성이 있고, 경제사를 필두로 사회사, 생활사, 민중운동사 등 여러 계층과 신분의 사람들에 대한 역사 연구로 넓어지고 깊어진 것도 사실이다.* 하지만 (한)국사 체계의 교육과정의 한계 역시 뚜렷하다.

국민국가사는 19세기 국민국가의 형성과 함께 만들어진 '국사'였고, 그 역사는 계몽주의의 진보를 구현하는 대문자 역사였다.** 그 결과 개인사, 집안 역사, 학교나 클럽의 역사, 대한민국에 대한 경상도, 전라도 등 각 지역의 역사는 가려져버렸다. 국민국가의 정체성에 방해가 되는 기억은 지운 것이다. 시공간적으로 나의 삶에 가까운 역사는 초중고에서 뜻있는 역사 선생님을 만나야만 접할 수 있는 행운이 생길 뿐이다.*** 역사교육에서 기록을

* 신주백, 《한국 역사학의 전환》, 휴머니스트, 2021.

** 우카이 사토시, 〈르낭의 망각 또는 '내셔널'과 '히스토리'의 관계〉, 고모리 요이치·다카하시 데쓰야 엮음, 이규수 옮김, 《내셔널히스토리를 넘어서》, 삼인, 1999.

*** 예컨대 전국역사교사모임이나 역사교육연구소 등의 연구성과나 현장 교사들의 실제 수업모델이다. 전국역사교사모임, 《살아있는 세계사 교과서》, 휴머니스트, 2005; 전국역사교사모임, 《역사교실》, 비아북, 2018; 김민정·윤종배·정

사료로 이용하는 것은 자연스러우며 어려운 것도 아닌데 말이다.*

거기에 더해 국민국가사 중에서도 당대사는 소홀한 편이다. 당대사는 사회학, 정치학, 경제학, 인류학에 넘겨주고, 역사학과에서는 '꽤 지난' 시대를 연구한다. 그러므로 역사학의 구원이 사회학이나 현대 사회에 대한 민속지, 비교사 등 '국민국가적 시간성'을 해체한 비사건적 역사로부터 올 것이라는 견해**는 새겨들을 필요가 있다. 이런 동시대와 역사시대의 대립과 함께, 역사학의 위축의 원인 중 하나 역시 기록관에서 멀어진 결과라고 생각한다.

이 정도면 역사학에서 기록학이 어떻게 멀어졌는지 대략이나마 알 수 있을 것이다. 역사학과 기록학이 붙어 있던 유전자로부터 역사 탐구 방법에 대한 각성이 필요한 듯하다. 역사 커리큘럼, 특히 대학 역사교육 커리큘럼이 '한국사'가 아닌 '인간 역사' 차원에서 검토되었으면 좋겠다. 모두 소개할 수는 없겠지만 우리 사회에서 활성화되고 있는 기록학적 실천을 살펴보고 역사학의 확장 가능성을 감지해보는 것으로 논의를 마치려고 한다.

미란·이춘산·송치중·김슬기·이은주, 역사교육연구소 기획, 《역사 수업, 함께 궁리하고 더불어 성장하다》, 책과함께, 2019 등.

* 오항녕, 〈역사교육의 새로운 지평, '아카이브'〉, 《역사교육》 101, 2007.

** 폴 벤느, 김현경·이상길 옮김, 《역사를 어떻게 쓰는가》, 새물결, 2004, 448쪽.

기록으로 살아나는 역사

나에게 가장 소중한 기록이 무엇이냐고 묻는다면 선뜻 대답하지 못할 듯하다. 하지만 할머니의 편지와 그 편지 말미에 붙은 아버지의 글[跋文]이 그중 하나임은 분명하다.

> 母親(모친) 親筆(친필) 筆跡(필적)을 손에서 품으로 옮기며 나의 흉금에 숨여드는 회포를 叙(서)하려 하나 막막하고 가슴 벅찬 感慨(감개)가 있는가 하면 哀絕(애절)한 심사 둘 데 없구나 母親(모친)이 別世(별세)하신지 于今(우금, 지금까지) 拾九年(십구년) 내 나이 스물둘을 헤이게 되었으니 내가 세 살 먹어서 世上(세상)을 고히 下直(하직)하고 衆生(중생)이 다만 상상으로서 안다고 하는 저 世上(세상)으로 길을 떠나신 지가 홀홀한 歲月(세월)이 無情(무정)하야 拾九年(십구년)이 되는 오늘날 …… 아! 슬프고 슬프다 어머니의 피를 받은 오직 하나의 血肉(혈육) 어머니의 書簡文(서간문)을 손에 들고 哀絕腹痛(애절복통)한 心情(심정)을 둘 곳 없어 一筆(일필)로서 母親(모친)의 書信(서신)께 품잃은 小子(소자)는 部分(부분)의 情話(정화)를 부치어 보는도다. 단기 4291년 무술년 1월 22일

'단기 4291년', 즉 1958년의 발문이다. 아버지는 당신이 세 살 때 돌아가신 어머니의 흔적을 발견했다. 그리고 얼굴조차 모르는

어머니를 그리워하며 편지 끝에 위의 글을 붙였다. 1월 22일, 추운 겨울날, 어머니 편지를 보고 그리워하는 청년 시절 아버지의 마음을 헤아리려고 애써본다. 이 아버지의 발문도 아버지 돌아가신 뒤에 발견했다. 살아계실 때였으면 소주 한잔하면서 심정이나마 들어볼 텐데 그러지도 못한다.

저 편지와 발문이 없었다면? 나는 할머니와 아버지의 삶 일부를, 중요한 일부를 잃어버렸을 것이다. 이렇게 삶은 흔적이 없으면 주먹에 쥔 모래가 사라져가듯 지워질 것이다.

예전에 경북 구미 오상고 교육 봉사동아리 '위더스' 학생들이 지역 어르신들의 자서전을 써드린다는 기사를 읽었다.* 고3 학생들이 주말이면 어르신들을 찾아 이야기를 들었다고 한다. 처음엔 손사래를 치시던 할머니들도 진지한 학생들의 태도에 치열하게 일평생 살아온 인생 보따리를 풀어놓기 시작했다. 이 기록으로 학생들은 할머니들의 자서전을 냈다. 나는 이 장면에서 또 다른 심층을 발견했다.

> 인터뷰이가 될 수 있는 사람과 못 되는 사람의 구분은 자기표현 능력이 아니었다. 사회적 관계의 여부다. 보이는 존재인가, 보이지 않는 존재인가. 관계의 끈이 없으면 자기를 규정

* YTN, 2016년 1월 11일, 6시 50분.

할 수 없고 존재가 드러날 수도 없다. 백 세 어르신에게 반찬 봉사를 다니던 한 사람이 어르신의 누워 있는 등을 보고 삶을 읽어내고 번역했듯이, 나를 가만히 응시하며 보아줄 사람이 있어야 한다. 가장 큰 가난은 관계의 빈곤이다. 관계가 줄어들면 자아도 쪼그라들고 관계가 끊어지면 자아도 사라진다.*

동아리 '위더스' 학생들은 할머니들의 인생을 대신 표현해내는 데 그친 것이 아니다. 할머니들과 관계를 만들어냈고, 보이지 않았던 존재를 드러냈다. 할머니들이 자서전을 보며 흘린 눈물은 자기의식의 발동이었을 것이다.

이와 같은 기록화 작업은 자전소설, 자전적 에세이, 자서전, 회고록, 고백록, 수기, 구술사 등으로 표현된다. 피란일기처럼 삶과 바싹 밀착되어 있는 역사가 된다. 모든 역사는 내 몸이 겪는 구체적인 경험을 통해서만 확인된다. 그래서 생애사 프로젝트가 가능해진다. 나는 시대이고 민족이고 역사이기 때문이다.** 애당초 역사에는 미시사와 거시사의 구분이 없었는지 모른다. 그 경험을 드러냄으로써, 아파하고 아쉬워하고 때론 그리워하면서 서로 이해할 수 있는 것이다. 그리고 이런 모티브는 기록관리와 쓰기라는 일반적 주제로 확장될 수 있다. 자기나 연인, 친구에 대해 기록

* 은유, 《글쓰기의 최전선》, 메멘토, 2015, 205쪽.

** 김현아, 〈생애사 프로젝트〉, 《한겨레》 2022년 3월 1일 자.

하는 임상역사학이 시작된다. 하나의 사례를 살펴보자.

① 첫날, 참 별난 시간이라는 생각이 지배적이었다.
② 나는 부정적으로 생각했었다. 일상을 기록하는 수업인 줄 알았는데 왜 귀찮게 시를 쓰는 거지? 부정적인 생각이 나를 채웠다.
③ 조금은 당황했다. 그러나 막상 펜대를 잡으니까 술술 써졌다. 그 후 생각했다. '이 시간은 뭔가가 다르구나.'
④ 시를 써야 한다는 말을 듣는 순간 동무들은 당황한 얼굴을 지었지만 나는 조용히 웃었다. '색다른 수업에 들어왔구나. 재미있겠네.'*

이영남은 100명의 20대 대학생들과 넉 달 동안 '일상생활과 기록'이라는 이름으로 기록실험을 수행했다. 일상에서 사람들 간에 교류와 협력을 증진시키는 데 기록이 어떻게 기여할 수 있을까, 있다면 어떤 계열의 기록일까 탐구했다. 실험은 한신대학교 정규교과 시간에 이루어졌다. 처음 시를 쓰는 것으로 시작했는데, 위의 인용은 자신의 생활을 시로 쓰는 데 대한 학생들의 반응

* 이영남, 〈일상생활과 기록〉, 《기록학연구》 63, 2020, 177~178쪽. 이영남의 탐구는 기록관리가 쓰기로 이어진 사례이다. 이영남, 〈기록관리와 쓰기〉, 《기록학연구》 71, 2022.

이었다.

그가 이렇게 시작한 것은 일상이 기록학의 전문지식으로만 파악되지 않는다는 생각 때문이었다. 미시적이고 일상적인 세계를 포괄하는 기록 또는 기록관은 '섞어 짓기 운명'으로 태어난 특이한 아카이브였다고 본 것이다.* 삶의 일부를 엽서에 적게 하기도 했다. 짧은 엽서, 그는 이를 월담(담을 넘다) 엽서라고 부르는데, 자신의 삶 속에서 꺼낸=담을 넘은 기록이기 때문이다. 그 월담의 일부이다.

- ○ 등굣길 귀에 꽂힌 한마디 말. '맨얼굴에 못생겼다.' 충격을 받아 친구의 도움으로 화장했던 일(자신감)
- ○ 어느 체육시간에 앉아서 쉬다가 우연히 바라본 하늘(여유)
- ○ 고입 입시의 압박감을 이기지 못해 무작정 밤 기차를 타고 부산으로 도주했던 가출(상쾌함)
- ○ 처음으로 뮤지컬을 보았던 저녁의 이정표적인 충격('액팅')
- ○ 어느 가을날 점심시간, 급식이 지겨워 친구들과 학교 담장을 넘고 논밭을 가로질러 한 중국 음식점에 뛰어 들어가 먹은 짜장면 한 그릇과 후식으로 편의점에서 아이스크림을 먹었던 일(해방감)

* 이영남, 〈기록관리와 쓰기〉, 185쪽.

사소한 것들이다. 그러나 원래 삶은 이렇게 사소한 것에서 시작된다. 아니, 사소한 것처럼 보이는 것에 에너지와 벡터를 내장하고 있다. '그 사람의 현대사'는 그 시점에서 시작된다고 말했다. 여기서 현대사는 당대사이다. 한 사람이 쓴 자신의 당대사에서 발견할 수 있는 미시적이고 일상적인 세계의 기록 상대는 〈표 6〉과 같았다.

〈표 6〉 당대사에서 발견할 수 있는 미시적이고 일상적인 기록의 상대

범주	상대
타인	가족: 할머니, 엄마, 아버지, 언니, 여동생, 남동생
	연인: 남자친구
	친구1: 초중고 친구
	친구2: 대학교 친구(학과, 동아리, 기타 자치 활동)
	친구3: 성소수자 친구(무성애자, 동성애자), 기숙사 룸메이트
	알바생으로 만나는 사람: 학원 원장, 영어교사, 편의점 손님들
	특정 모임 멤버들1: 피어싱 가게 알바생, 필라테스 강사, 헤어 디자이너, 네일샵 사장
	특정 모임 멤버들2: 동물병원 간호사, 골프 코치, 목수
자신	기록물: 사진앨범, 편지, 일기
	사건: 연대기, 좌절된 꿈(축구선수, 무용수), 추억
	습관/취향/활동: 취미, 패션, 향수, 소비패턴, 미식축구 활동, 여행
동식물	반려동물(개, 고양이), 야생동물(길고양이), 나무
장소	집, 섬, 카페, 교회, 골목, 동네, 헬스장, 기숙사 오가는 길, 환승역(등하교길), 학원
사물	서랍, 편지, 사진

비교적 꼼꼼히 일기를 쓰는 나도 막상 〈표 6〉과 같이 범주화해서 분류, 관찰하는 방법으로 일기를 들여다보니 빠트린 것이 꽤 많았다. 그는 기록을 통해 관계를 맺는 사량思量의 과정을 화양연화→월담→북극의 나누크로 이미지화했는데, 그 결과는 '사용가치의 증식'이었다고 보았다. 사용가치는 자기 방식으로 생각하고 말하고 행동하는 데 필요한 자유와 능력을 말한다.

이 사용가치의 확장을 위한 방법을 우리는 이미 알고 있다. 그렇다. 일기이다. 게으른 나는 날마다 쓰는 일기가 아니라, 한 주나 한 달에 한 번 가까스로 쓰는 주기나 월기, 심지어 계절이 바뀔 때나 쓰는 절기를 만들기도 했다.

이런 나와는 달리 16세기 이순신이라는 기록의 선배는 왜란이 일어나던 임진년(1592) 1월 1일부터 무술년(1598) 11월 17일까지, 그러니까 노량해전에서 전사하기 전까지, 출전 때문에 쓰지 못한 날을 제외하고 거의 매일 일기를 썼다. 《난중일기》이다. 전쟁 중이던 1594년 1월 11일에 잠깐 편찮으신 어머니를 찾아갔다. 그리고 "아침에 어머니를 뵈려고 배를 타고 갔는데, 아직 주무시고 계셨다. 큰 소리로 부르니 놀라 깨어 일어나셨다. 왜적을 토벌하는 일이 급하여 오래 머물 수가 없었다"라고 안타까운 마음을 적어 놓았다.

이순신보다 조금 앞서 이문건은 《양아록養兒錄》이라는 기록을 남겼다. 손자를 키운 이야기였다. 공부 안 하고 놀러 다니는 손자를 잡아 오면서, "뒤통수를 손으로 다섯 번 때렸다. 들어 와서는

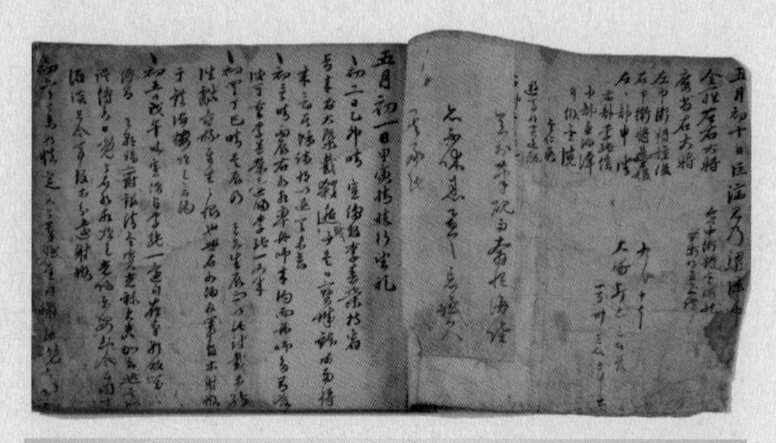

[그림 31]《난중일기》

자기 방식으로 생각하고 말하고 행동하는 데 필요한 자유와 능력,
곧 사용가치를 확장하기 위한 방법 중 하나로 일기가 있다. 이순신은 왜란이 일어나던
임진년(1592) 1월 1일부터 노량해전에서 전사하기 전인 무술년(1598) 11월 17일까지,
출전 때문에 쓰지 못한 날을 제외하고 거의 매일 일기를 썼다.《난중일기》이다.
* 출처: 문화재청

창 쪽에 서 있게 하고 손바닥으로 엉덩이를 네 번 때렸더니 엎드려 울었다. 우는 걸 보니 다시 가여운 마음이 들었다"고 적었다. 이렇게 역사는 쌓여왔다.

사회의 기억 또한 기록을 통해 전해진다. 여전히 원인도 모르는 채 아픈 기억으로 남아 있는 세월호 참사를 기록하는 '4·16기억저장소'가 있다. 이곳은 참사와 관련된 모든 기록을 놓치지 않고 기억하고 기록하며 행동하는 비영리 민간 기록관리기관이다. '4·16기억저장소'는 세 방향의 임무를 수행하고 있다.

① 기억: 세월호 참사로 희생된 304명의 꿈과 삶을 기억한다. 세월호 참사의 진상규명과 안전사회 건설을 위한 유가족들과 시민들의 노력을 기억한다.

② 기록: 세월호 참사로 희생된 이들과 부모, 형제자매, 지인들의 삶의 기록을 수집하고 관리한다. 세월호 참사를 추모하는 우리들의 기록을 수집하고 관리한다.

③ 행동: 세월호 참사의 기억과 기록을 미래세대에 전달하여 지속 가능한 안전사회를 건설한다. 세월호 참사 이전과는 다른 사회를 만들기 위해 노력한다.*

* 4·16기억저장소, http://www.416memory.org/about/greeting, 검색일: 2022년 3월 11일.

[그림 32] 《양아록》

이순신보다 조금 앞서 이문건은 손자를 키운 이야기를 담은
《양아록》을 남겼다.

몇몇 기록전문가의 자원봉사로 시작된 4·16기억저장소는 한국기록전문가협회, 한국기록학회가 '세월호를 기억하는 시민네트워크'를 제안하여 지속적으로 활동할 수 있는 터전을 마련했다. 2000년대 이후 확산된 기록 운동의 성과이고, 기록학계의 성숙이었다.

이런 경험은 그 자체로 역사이거나 역사의 일부가 되는 숱한 사건에 대한 기록물 수집을 위한 발판이 되기도 했다. 이경래 등은 2009년 '용산4구역 철거현장 화재사건'을 연구 대상으로 삼아 공공 기록의 빈 공백을 메웠다. 용산 참사 이후 시민, 문화예술가, 독립 미디어 활동가, 종교인 등이 함께 연대해 국가권력 중심의 공식 내러티브에 대항해 경쟁 서사를 마련하고 대항기억을 구성하는 데 주목한 것이다. 이를 통해 동시대 현장 기록의 기록학적 함의와 이를 사회 공통의 기억 속에 기입하기 위한 기록화 방법을 탐구했다.* 이러한 '사건 아카이브' 개념은 동시대 사건 일반에 대한 조사, 연구, 관리 방법에 대한 이론과 방법론을 확장했을 뿐 아니라, 과거의 사건까지 소급하여 새롭게 조망할 수 있는 길을 열어주었다.**

* 이경래·이광석, 〈동시대 '대항기억'의 기록화: 용산 참사 사례를 중심으로〉, 《기록학연구》 53, 2017.

** 임지훈·오효정·김수정, 〈사건아카이브의 시론적 연구〉, 《기록학연구》 51, 2017; 임지훈, 〈사건 아카이브의 개념과 특성에 관한 연구: 동학농민혁명기념재단 사례를 중심으로〉, 전북대 대학원 박사학위논문, 2019.

[그림 33] 세월호 기억저장소
사회의 기억도 기록을 통해 전해진다. '4·16기억저장소'의 경우
세월호 참사와 관련된 모든 기록을 놓치지 않고 기억하고 기록하며
행동하는 비영리 민간 기록관리기관이다.
* 소장처: 4·16기억저장소

이런 현상은 이제 낯설지 않다. 일기 수집 및 온라인 전시, 고려대 검도 동아리인 검우회 아카이브 같은 동호회 기록 정리, 지역 동네 아카이브, 성공회대 노동사연구소 아카이브, 은평녹색당 기록 정리, 신일교회 기록관, 조계사 기록관, 서울대기록관, 전주 시민기록관……. 이렇게 기록을 중심으로 한 실천은, 행위의 증거로, 삶의 기억으로, 사회의 정체성으로 활성화되고 있다.

에필로그

기록학의 핵심개념인 진본성에 대한 고민은 H. 젠킨슨이나 L. 듀란티에서 시작된 것도 아니고, 전자기록과 함께 또는 2006년 공공기록법과 함께 시작된 개념은 더구나 아니다. 이미 약 3천 년 이상 된 역사학의 주제였고, 그에 대한 이론과 방법이 역사학 개론에 남아 있다. 그런 취지에서 진본성, 평가, 정리, 출처주의, 원질서 존중, 기술 등의 주요 기록학 개념을 역사-인간의 이론과 실천에서 살펴보았다.

사회가 복잡해지면 전문 영역이 생겨나게 마련이고 분업이 생기는 것은 자연스러운 현상이다. 그런데 전문화와 분업이 소외를 촉진한다면 문제는 달라진다. 기록학계와 역사학계가 그런 소외에서 자유롭다고는 못할 듯하다. 사례를 보자.

2014년 쟁점이 되었던 한국사 교과서 국정화 책동과, 박근혜의 탄핵에 따른 대통령 기록 이관 논란 및 파기 사건과 관련된 역사학계와 기록학계의 대응이다. 국정교과서 책동은 (한)국사학계의 핵심 쟁점이었고, 박근혜 정권은 추진 과정에서 은폐, 왜곡을 일삼았다. 그들은 교육부 자신이 검정한 교과서를 부정하는 자기모순도 마다하지 않았다. 그 과정에서 기억을 뒤틀었고 정보는 차단했다. 이에 대해 기록학계는 성명서마저도 인색했다.* 얼마나 완벽한 분업인가? 이러다가 기록학 전공자들은 이라크 국립박물관을 미군이 폭격했을 때 발표한 성명서에 이름을 올렸던 ICA를 비웃을지 모른다. '기록관도 아닌데 왜?' 하고 되물으면서.

한편 이명박·박근혜 정권은 2008년의 참여정부 기록 관련 비서진의 고발, '2007년 남북정상회담 대화록'의 부당한 공개, 2017년 황교안 대통령 권한대행의 불법적인 대통령기록물 지정, 청와대 캐비닛에 버리고 간 대통령 기록에 이르기까지, 그동안 쌓아놓은 기록문화를 폐기하다시피 방치하고 무시했다. 이 과정에서 기록학계는 성명서, 기자회견 등 분주했으나, 역사학계는 거의 언급조차 하지 않았다. '2007년 남북정상회담 대화록'의 유포에 대한 한국역사연구회의 성명서가 그나마 위안이 될 뿐이

* 희망적인 것은, 2015년 10월 26일 "역사와 기록은 결코 분리될 수 없는 문제", "역사 교과서의 국정화는 국가가 기억을 독점해 민주주의를 퇴행시키는 결과를 초래할 것"이라는 한국기록학회의 성명서가 있다는 점이다.

[그림 34] 대통령기록관

사회가 복잡해지면서 전문화와 분업이 자연스러운 현상이 되고 있다.
그러나 그러한 변화가 소외를 당연시하는 방향으로 진행된다면
여러 가지 부작용을 불러올 수 있다. 2010년대 이후 대통령기록물을 둘러싼
갖가지 논란과 관련하여 기록학계와 역사학계가 보인 모습은 이 같은 문제를 잘 보여준다.
기록학계는 분주하게 대응했으나 역사학계는 거의 무대응으로 일관한 것이다.
역사학이 기록학의 손을 놓으면 뿌리가 흔들리고,
기록학이 역사학의 손을 뿌리치면 토양을 잃는다는 점을 잊지 말아야 한다.
사진은 2007년 11월 30일 대통령의 기록물들을
소장, 관리하기 위해 만들어진 대통령기록관의 모습.

다.[*] 아무래도 기록은 역사학의 전문 영역이 아니었나 보다. 이러다가 규장각에 변고가 생겨도 고려 시대 전공자들은 나 몰라라 할지 모른다. 어차피 고려 시대 기록은 규장각에 없으니까.

역사학이 기록학의 손을 놓으면 토대가 흔들리고, 기록학이 역사학의 손을 뿌리치면 뿌리를 잃는다. 동지는 많을수록 좋다. 우리 앞에는 불길한 조짐과 새로운 가능성, 둘 다 놓여 있다.

'사실을 해석에 동원'하는 역사주의에 맞서
'해석에 저항하는 사실들'을 드러내는 데
기록학의 힘이 있다.
그것이야말로
'해석에 맞서는 해석'을 가능하게 하기 때문이다.

* 한국역사연구회, 〈전국의 역사학자들이 국민께 드리는 글〉, 2013년 7월 4일. 고문서학회 역시 성명서를 내지 않았다.

• 참고문헌

《論語》

《春秋左氏傳》

《孟子》

《도덕경道德經》

《승정원일기》(http://sjw.history.go.kr/main.do)

《조선왕조실록》(http://sillok.history.go.kr/main/)

국사편찬위원회, 《한국독립운동사 자료1 임정편 I》(한국학데이터베이스).

반고班固, 《한서漢書》, 중화서국.

사마천, 《사기》, 중화서국.

전주대학교 한국고전학연구소, 《국역 추안급국안推案及鞫案》.

플라톤, 조대호 옮김, 《파이드로스》, 문예출판사, 2008.

헤로도토스Herodotos, 천병희 옮김, 《역사*Histories Apodexi*》, 도서출판 숲, 2009.

4·16기억저장소(http://www.416memory.org/about/greeting)

ICA(https://www.ica.org/)

SAA(https://dictionary.archivists.org/entry)

국가기록원(https://www.archives.go.kr/)

규장각(http://kyujanggak.snu.ac.kr)

서울기록원(https://archives.seoul.go.kr/)

장서각(http://jsg.aks.ac.kr/)

한국국학진흥원(www.koreastudy.or.kr/)

한국학중앙연구원 인문학부 고문헌관리학(http://www.aks.ac.kr/univ/)

샤프, A., 金澤賢 譯, 《歷史와 眞實》, 青史, 1982.

베른하임, E., 박광순 옮김, 《역사학 입문》, 범우사, 1985.

李宗侗, 〈中國 古代의 史官制度〉, 閔斗基 엮음, 《中國의 歷史認識》 上, 창작과비평사, 1985.

최승희, 《韓國古文書研究》, 지식산업사, 1989.

베버, 막스, 이상률 옮김, 《직업으로서의 학문》, 문예출판사, 1994.

김봉철, 〈헤로도토스의 《역사》의 사료 비판 사례〉, 《서양 고전학 연구》 9, 1995.

코젤렉, 라인하르트, 한철 옮김, 《지나간 미래》, 문학동네, 1996.

카, E. H., 김택현 옮김, 《역사란 무엇인가》, 까치, 1997.

에번스, 리처드, 이영석 옮김, 《역사학을 위한 변론》, 소나무, 1998.

김윤식, 〈헤겔의 시선으로 본 《혼불》〉, 《현대문학이론연구》 12권, 1999.

우카이 사토시, 〈르낭의 망각 또는 '내셔널'과 '히스토리'의 관계〉, 고모리 요이치·다카하시 데쓰야 엮음, 이규수 옮김, 《내셔널히스토리를 넘어서》, 삼인, 1999.

이븐 할둔Ibn Khaldûn, 김호동 옮김, 《역사서설*al-Muqaddimah*》, 까치, 2003.

젠킨슨, 힐러리, 오항녕·이상민 옮김, 《기록관리 편람*A Manual of Archive Administration*》, 행정자치부 정부기록보존소, 2003.

벤느, 폴, 김현경·이상길 옮김, 《역사를 어떻게 쓰는가》, 새물결, 2004.

후지타 가쓰히사藤田勝久, 《司馬遷の旅: 《史記》の古跡をたどる》, 주혜란 옮김, 《사마천의 여행》, 이른아침, 2004.

김경현, 〈헤로도토스를 위한 변명〉, 《서양 고전학 연구》 24, 2005.
김명훈, 〈전자기록 환경에서의 평가에 관한 연구〉, 《기록학연구》 11, 2005.
오항녕 편역, 《기록학의 평가론》, 진리탐구, 2005.
전국역사교사모임, 《살아있는 세계사 교과서》, 휴머니스트, 2005.
오항녕, 〈역사교육의 새로운 지평, '아카이브'〉, 《역사교육》 101, 2007.
피쉬, 외르크Jörg Fisch, 안삼환 옮김, 《코젤렉의 개념사 사전 1—문명과 문화 *Zivilization/Kultur*》, 푸른역사, 2007.
한국기록학회, 《기록학 용어사전》, 역사비평사, 2008.
한국사학사학회, 《21세기 역사학 길잡이》, 경인문화사, 2008.
김우철, 〈조선 후기 推鞫 운영 및 結案의 변화〉, 《민족문화》 35, 2010.
드로이젠, 요한 구스타프, 이상신 옮김, 《역사학*Historik*》, 나남, 2010.
오항녕, 〈당대사 실록을 둘러싼 긴장, 규율, 그리고 지평〉, 《역사학보》 205, 2010.
윤택림 편역, 《구술사, 기억으로 쓰는 역사》, 아르케, 2010.
아스만, 알라이다, 채연숙·변학수 옮김, 《기억의 공간》, 그린비, 2011.
조민지, 〈기록의 재현과 기록기술archival description 담론의 새로운 방향〉, 《기록학연구》 27, 2011.
팔켄하우젠, 로타 본, 심재훈 옮김, 《고고학 증거로 본 공자시대 중국 사회》, 세창출판사, 2011.
유지기, 오항녕 옮김, 《사통史通》, 역사비평사, 2012.
조계영 외, 《일기로 본 조선》, 글항아리, 2013.
김귀옥, 《구술사 연구》, 한울, 2014.
명경일, 〈정조 대 전교축傳敎軸을 통해 본 승정원일기의 문서 등록謄錄 체계〉, 《고문서연구》 44, 2014.
이성임, 〈《溪巖日錄: 1603~1641》에 대한 자료적 검토〉, 《한국사학보》 57, 2014.
은유, 《글쓰기의 최전선》, 메멘토, 2015.
장순휘張舜徽, 오항녕 옮김, 《역사문헌교독법中國古代史籍校讀法》, 한국고전번역원,

2015.
곽건홍, 《동아시아의 아카이브 비교 연구》, 선인, 2016.
그래프턴, 앤서니, 김지혜 옮김, 《각주의 역사》, 테오리아, 2016.
신주백, 《한국 역사학의 기원》, 휴머니스트, 2016.
오항녕, 《호모 히스토리쿠스》, 개마고원, 2016.
지머슨, 랜달 C., 이상민 옮김, 《기록의 힘》, 민주화운동기념사업회, 2016.
오항녕, 〈역사학과 기록학〉, 《기록학연구》 54, 2017.
오항녕, 〈왜 백성의 고통에 눈을 감는가—광해군 시대를 둘러싼 사실과 프레임〉, 《역사비평》 212, 2017.
이경래·이광석, 〈동시대 '대항기억'의 기록화: 용산 참사 사례를 중심으로〉, 《기록학연구》 53, 2017.
임지훈·오효정·김수정, 〈사건 아카이브의 시론적 연구〉, 《기록학연구》 51, 2017.
오항녕, 《실록이란 무엇인가》, 역사비평사, 2018.
유시민, 《역사의 역사》, 돌베개, 2018.
전국역사교사모임, 《역사교실》, 비아북, 2018.
정인철, 〈여행기와 지리서로서의 헤로도토스의 《역사》〉, 《문화역사지리》 67호, vol. 30, no. 2, 2018.
김민정·윤종배·정미란·이춘산·송치중·김슬기·이은주, 역사교육연구소 기획, 《역사 수업, 함께 궁리하고 더불어 성장하다》, 책과함께, 2019.
오항녕, 〈조선 광해군 대 궁궐공사에 대한 이해와 서술〉, 《역사와 현실》 114, 2019.
스콧, 제임스James C. Scott, *Against the Grain*(Connecticut: Yale University Press, 2017), 전경훈 옮김, 《농경의 배신》, 책과 함께, 2019.
임지훈, 〈사건 아카이브의 개념과 특성에 관한 연구: 동학농민혁명기념재단 사례를 중심으로〉, 전북대 대학원 박사학위 논문, 2019.
오항녕, 〈《사기》와 《역사》에 담긴 기록학의 기초〉, 《기록학연구》 65, 2020.
이영남, 〈일상생활과 기록〉, 《기록학연구》 63, 2020, 177~178쪽.

김영민, 《중국정치사상사》, 사회평론아카데미, 2021.

김윤식, 〈박완서, 《그 많던 싱아는 누가 다 먹었을까》 작품 해설〉, 박완서, 《그 많던 싱아는 누가 다 먹었을까》, 웅진지식하우스, 2021.

남기원, 《대학의 역사》, 위즈덤하우스, 2021.

설문원, 《기록학의 지평》, 조은글터, 2021.

신주백, 《한국 역사학의 전환》, 휴머니스트, 2021.

이승억·설문원, 〈디지털 정보기술 환경에서 보존기록 평가론의 전환〉, 《기록학연구》 67, 2022.

이영남, 〈기록관리와 쓰기〉, 《기록학연구》 71, 2022.

內藤虎次郎, 《支那史學史》, 東京: 弘文堂, 1949.

Posner, Ernst, *Archives and Public Interest*(Public Affairs Press, 1967).

Fischer, D. H., *Historians' Fallacies: Toward a Logic of Historical Thought*(New York; Harper and Row, 1970).

Lee, Peter H. ed., *Sourcebook of Korean Civilization* Vol. 1(Columbia University Press, 1993).

Hunter, Gregory S., *Developing and maintaining practical Archives*(Neal-Schuman, 1997).

Duranti, L., *Diplomatics:New Uses for an Old Science*(The Scarecrow Press, 1998).

Hartman, Josef, "Urkunden", Friedrich Beck, Eckart Henning ed., *Die archivalischen Quellen*(BÖHLAU, 2004).

Oh, Hang-Nyeong, "An archival interpretation of the Veritable Records", *Comma* 2008-1.

• 찾아보기

【ㄱ】
각사등록 129
각주 136, 138
거시사 143
공공기록관 97, 106, 107, 136
공문서 14, 24, 28, 42, 127, 129
관할권 14, 106, 126, 127
광해군 33, 34, 36, 38
괴통 29~32, 36, 41, 42
구술 43, 48, 50~52, 57~60, 63, 68, 71, 72, 81
국민국가사 138~140
국안鞫案 34, 35, 79
국제기록평의회ICA 111, 112
굴원 54, 57~59
규장각 38, 121, 131~133, 138, 157
기능 출처 99
기록archiving 6, 7, 13~16, 18~26, 28, 30, 32~34, 38, 42, 43, 45, 48, 50~53, 57, 58, 60, 61, 63, 64, 67~72, 74~79, 81, 85~97, 99~114, 116, 117, 120~123, 126~136, 140~147, 149, 151~153, 155, 157
기록관리학 7, 8, 24, 121
기록군record group 88, 99, 101, 102, 134
기록보존학 7, 8
기록학 6~9, 15, 16, 18, 19, 21, 24, 26, 58, 83, 85, 87, 88, 100, 101, 104, 105, 107, 111, 116, 120~123, 126~128, 130, 131, 134~136, 138, 140, 145, 151, 154~157
기록학자 14
기말고사 90~93, 96, 99
기술記述(description) 101~103, 122,

131~134, 154
기의記意 134
기표記表 134

【ㄴ】
《난중일기》 97, 109, 147, 148
노자 117

【ㄷ】
다레이오스(다리우스) 63, 77
다차원 기술규칙 102
답사 8, 43, 48, 50~57, 59, 63, 64, 66, 67~69, 71, 72, 81
도서관 24, 86~88, 93, 96~98, 101, 134
Document 7, 16, 18, 134
드로이젠, 요한 구스타프 19, 20, 25
등록謄錄 126~128

【ㄹ】
레오니다스 46, 77
로마법 105
리비아 64
Record 7, 16~18, 26, 104, 113, 135

【ㅁ】
무결성無缺性 107~110, 112, 122, 123
문목 36~38
문학 29, 65, 68, 69, 78~80, 96~98
미개인 66
미국 국립기록청 17, 18
미시사 143
민주주의 86, 87, 155

【ㅂ】
바빌론 64, 65
박물관 24, 87, 103
번쾌 58~60
베른하임, 에른스트 13, 15, 19, 20, 25
본원 기록 14, 15
〈봉선서封禪書〉 42

【ㅅ】
사건 아카이브 151
《사기》 26, 28~31, 36, 41, 42, 45, 48, 51, 52, 55, 61, 63, 71~75, 78, 79, 81
사료 비판Quellenkunde 72, 73, 107, 122, 136
사마담 42, 55
사마천 8, 26, 28~32, 42, 48, 51~61, 63, 66, 71~75, 78~81, 85, 136
4·16기억저장소 149, 151, 152
사초史草 14, 16, 18, 33, 50, 109,

123, 125, 126, 128, 136
《사통》 5, 28, 82, 95, 123
산삭刪削 126, 127
〈300〉 45, 46, 48, 49, 77
상호연관성 103
생애사 프로젝트 143
세월호 참사 149, 151, 152
소명召命 136, 137
소하 29, 60, 61
수고手稿(manuscript) 18, 95, 97, 104
술이부작述而不作 75, 76, 80, 122
《승정원일기》 13~15, 32, 110, 129, 130
시정기 32, 128
식識 82, 83
신뢰성 103, 106, 107, 110, 111, 122, 123, 126
실험보고서 24
십진분류DDC 96

【ㅇ】
ICA 윤리규약 112
ISAD(G) 131~134
아키비스트archivist 6, 70, 83, 88, 99, 100, 111, 131, 133
〈악서樂書〉 42
압둘 하미드 82
《양아록》 149, 150
SNS 24
《역사*Histories Apodexis*》 45, 47~49, 62, 63, 65, 68~71, 77, 81
《역사서설*Muqaddimah*》 27, 28, 70
《역사의 역사》 21, 23
역사주의 157
〈역서曆書〉 42
연속성*continuum* 103
영국 공공기록관 17, 18
〈예서禮書〉 42
오규 소라이 75
오리엔탈리즘 46
용산4구역 철거현장 화재사건 151
원사료Quellen 25
원질서의 원칙 97, 99
월담 145, 147
위관 32, 38
위더스 142, 143
유도 기록 14, 15
유방 29, 31, 53, 58, 59, 61, 79
유시민 21~23, 25, 26, 28~31
유일성 88, 93, 94, 103
유지기 5, 6, 28, 82, 83, 122, 123
〈율서律書〉 42
이문건 147, 150
이븐 할둔 27, 28, 70, 82, 83

이상신 18~20
이소크라테스 66
이용 가능성 107, 122
이집트 64, 67, 68, 70, 81, 117~119
2차 기록 14
인류학 65, 140
1차 기록 14
임상역사학 144
임해군 33, 34, 36, 38~41, 134

【ㅈ】
《자본》 90, 97
자연성 103
장서각 122, 129, 131
재才 82, 83
전교 36, 109
전교축 128
정보information 6, 7, 16, 18, 31, 42, 64, 68, 99~101, 104, 105, 110, 111, 118, 131, 155
정치학 65, 140
젠킨슨, 힐러리 7, 103, 104, 106, 107, 121, 136, 154
《조선왕조실록》 13~15, 110, 127, 128
중립성 103
지리학 65
직서 81, 123, 126, 134
진본성 106~110, 112, 122, 126, 134, 136, 138, 154

【ㅊ】
창작 29, 72, 74, 76
〈천관서天官書〉 42
추국 32, 38, 39
추국청 32, 34~36, 38, 132, 134
추안 32, 34, 35, 79
추안급국안 35, 38, 133
출처주의 88, 97, 99, 112, 122, 128~130, 135, 154
취촌 72~74

【ㅋ】
크세르크세스 46, 48, 63, 71, 77, 78

【ㅌ】
타무스 117~120
태사공 42, 71
테우트 117~119
투키디데스 62, 136

【ㅍ】
《파이드로스》 117~119
페르시아 전쟁 46, 48, 49, 62

편지 7, 14, 16, 18, 19, 24, 82, 89, 95, 109, 141, 142, 146
평문 36
〈평준서平準書〉 42
퐁fonds 존중 99

【ㅎ】
〈하거서河渠書〉 42, 54
학學 82, 83
한신 29~32, 58
할리카르나소스 47, 62, 63
항우 29, 31, 53, 58, 59, 61
해제 88, 101, 102, 131~134
헤로도토스 8, 45, 47~49, 61~71, 77, 78, 80, 81, 83, 85
형병 75
화양연화 147

금요일엔 역사책 ❾

기록학, 역사학의 또 다른 영역

2024년 3월 10일 1판 1쇄 인쇄
2024년 3월 12일 1판 1쇄 발행

지은이 오항녕
기획 한국역사연구회
펴낸이 박혜숙
디자인 이보용
펴낸곳 도서출판 푸른역사
우) 03044 서울시 종로구 자하문로8길 13
전화: 02)720-8921(편집부) 02)720-8920(영업부)
팩스: 02)720-9887
전자우편: 2013history@naver.com
등록: 1997년 2월 14일 제13-483호

ISBN 979-11-5612-273-9 04900
979-11-5612-252-4 04900(세트)

• 잘못 만들어진 책은 교환해드립니다.